身体障害者の性活動

玉垣 努 ●神奈川県立保健福祉大学リハビリテーション学科 教授
熊篠慶彦 ●特定非営利活動法人ノアール 理事長
編著

イラスト協力：
リリー・フランキー

三輪書店

執筆者一覧

編 著
- 玉垣　努　　　　神奈川県立保健福祉大学、教授
- 熊篠慶彦　　　　特定非営利活動法人ノアール、理事長

執筆者（執筆順）
- 岡原正幸　　　　慶應義塾大学文学部、教授
- 小川隆敏　　　　海南市民病院泌尿器科、医師
- 仙石　淳　　　　兵庫県立リハビリテーション中央病院泌尿器科、医師
- 安井　宏　　　　目白大学保健医療学部、作業療法士
- 野上雅子　　　　兵庫県社会福祉事業団立雲の郷、作業療法士
- 田中栄一　　　　国立病院機構八雲病院、作業療法士
- 玉垣　努　　　　神奈川県立保健福祉大学、作業療法士
- 松本琢磨　　　　神奈川県総合リハビリテーションセンター、作業療法士
- 佐藤英男　　　　特別養護老人ホーム、施設長
- 小平愛子　　　　理学療法士
- 奥村　豊　　　　タップ整骨院、柔道整復師
- 熊篠慶彦　　　　特定非営利活動法人ノアール、当事者
- J夫妻　　　　　当事者・セラピスト
- 淵延良介　　　　会社員、当事者
- 長崎圭子　　　　フリーキャスター/イベントプロデューサー、当事者
- 門間健一　　　　当事者
- すがやあゆみ　　マルチネットアイドル、当事者
- Shai Rottem　　認定サロゲートパートナー
- 山崎　徹　　　　フリーライター
- 桂樹　碧　　　　元障害者専門デリヘル嬢
- ヘレンマリアひろこ　当事者
- 芹澤拓哉　　　　特定非営利活動法人ノアール、当事者
- 河合香織　　　　ノンフィクション作家
- 長田杏奈　　　　特定非営利活動法人ノアール、作業療法士
- 田畑雄吉　　　　特定非営利活動法人ノアール、作業療法士
- 松浦温子　　　　特定非営利活動法人ノアール、作業療法士/看護師
- 田中由紀　　　　特定非営利活動法人ノアール、作業療法士

鼎談参加者
- 鶴見隆彦　　　　厚生労働省社会・援護局総務課補佐官、作業療法士
- 熊篠慶彦　　　　特定非営利活動法人ノアール、当事者
- 山本　翔　　　　訪問介護員
- 竹内さをり　　　甲南女子大学看護リハビリテーション学部、作業療法士
- 大畑楽歩　　　　当事者
- Misian　　　　　当事者

序　文

　東日本大震災を経て 1 年が経過しました。多くの人が被災し、多くの悲しみが日本中にあふれてしまいました。被災者の中にも、もちろん障害を持った方々がたくさんおられ、いまだに"普通"の日常生活に戻れない方もおられると聞いています。
　本書は障害者の性を取り上げ、性について日常的に悩んでいる人や彼らを取り巻く人々のための重要な情報となれるように企画しました。
　"普通"とは実はいかに危うく尊いものでしょうか。人々の生活環境の中で、確かに性活動は普通に営まれているはずです？！　障害を持つ人々には、その性活動が"普通"ではないのです。テレビで流れてくる障害者像は、聖人で努力家で清廉潔白でやさしい人です。このような、障害者像の一元化がバリアになっているのです。しかし、私が知っている障害を持つ人々は、笑ったり、怒ったり、頑張ったり、ねたんだり、卑怯だったり、嘘をついたり、正直だったり…、すなわち普通なんです。つまり、普通に H なことに興味があるんです。ただ、障害があることで、人に依頼しなければならなかったり、特別な配慮が必要であったり面倒くさいことが多いのです。時には諦めなければならない現状があるということです。私は"普通"とは、あまり努力せずに、あまり考えることなくことを成していくことだと思います。
　本書は、障害を持つ人々の"普通"を画一的に表現できないために、さまざまな立場の人（社会学・医学・福祉・当事者・家族・ボランティアなど）に執筆を依頼しました。多様な考え方や行動や実践を集めることができました。私自身も知らないことが多く書かれており、一番刺激を受けた読者でもありました。特に当事者の実践報告には、良し悪しは別として"普通"になることが、いかに大変なことかを教えていただきました。
　最後に、私は 27 年間の臨床を離れ、現在は作業療法士の教育に携わっています。リハビリテーション教育では、機能障害や異常などの特異性を教えています。つまり、ある意味、学生は非日常をいろいろ覚えなければならないのです。もちろん近年は、国際生活機能分類（ICF）の考え方が浸透しており、良い側面も見るようにしています。まさにこの ICF に、性活動の重要性が提示してあることに気づいている人がどのくらいいるでしょうか？　生活の質を問うのなら、性活動についてもきちんと提示する必要があると考えています。その教科書として、本書が役立つことを切に望んでいます。

2012 年 7 月　玉垣　努

目次

第1章

1 性活動の定義
セックスする私たち―性活動を考える 2

2 総合的分析と個別支援の現状
1. 障害を持つ男性への医学的性支援 11
2. 障害を持つ女性への医学的性支援 23
3. 疾患別の性支援
　(1) 脳性麻痺 30
　(2) 脊髄損傷 34
　(3) 筋ジストロフィー 41
　(4) 片麻痺 46
　(5) 四肢切断 52

3 中間ユーザーの対応の現状
1. 身体障害者の性的介助の経験から―ボランティアとして 59
2. 性の悩み相談と感情転移 64
3. 家族の当事者性―兄の性活動とともに 68

4 当事者の性活動
1. 脳性麻痺 73
2. 頸髄損傷 77
3. 脊髄損傷 87
4. 関節疾患 90
5. 先天性多発性関節拘縮症 95
6. 先天性多発性関節拘縮症 98

第2章

1. **サロゲートパートナー療法（代理恋人療法）**
    性の支援者としてのサロゲート............108

2. **非日常生活活動―QOエロ**
    1. さまざまな非日常生活活動
        (1) 障害者専門デリヘルと身体障害フェチ............121
        (2) ダブルマイノリティ―脳性麻痺と性同一性障害............124
        (3) ニューハーフの身体障害者―奈美恵さんの場合............127
        (4) 当事者が支える性活動............131
    2. ボランティアからNPOへ―『セックスボランティア』のその後............137

3. **特定非営利活動法人ノアールOT班からの発信**
    1. 性を語るのは特別なこと？―自身の体験より............143
    2. 性のノーマライゼーションに向けて―言葉の定義を説明し、
       一般社会に理解してもらえるように............146
    3. セクシュアリティと性の捉え方―作業療法士が関わるために............150
    4. 身近な素材でできる性的自助具づくり............154

4. **鼎談『性支援の意味を考える』**
    1. 男性身体障害者と「性」............157
    2. 女性身体障害者と「性」............163

第1章

1. 性活動の定義
2. 総合的分析と個別支援の現状
3. 中間ユーザーの対応の現状
4. 当事者の性活動

第1章　① 性活動の定義

セックスする私たち
―性活動を考える

岡原正幸（慶應義塾大学文学部，教授）

● **セックスを定義する!?**

　セックスすることをどう捉えようか？　性活動という言葉で何を指そうか？　「学問的に」定義すれば、ほんの一部の人たちは安心するのかもしれない。だからといって、すべての人に共通の「客観的な」定義があるわけではない。ましてすべての人に押しつけてしかるべきセックスがあるわけでもない。もしそれでも、人が定義を欲するなら、それはいたって「政治的な」行為であることを、まずは頭に入れておこう。どうしてそうなのかといえば、こうだ。

　まず定義する対象が人々の行動や考えや感じ方、つまり人の生である場合、そもそも生きることが多種多様だろうことは容易に想像がつくし、現にその目でそれが多様であることを見ているはずだ。ところが定義しようとすると、内包、外延などという言葉を使いながら、結局は、この多種多様性を一つにまとめることになる。一つにまとめられた多種多様性ということは、それらが多種多様ではなくなるということである。ここに政治性がある。

　例えば人のセックスとはこうである、と定義したとしよう。ところがそのセックスとは違うセックスをする人があらわれるとする。科学はどう対応するか。一つは人のセックスの範囲を広げ、定義し直す。つまりことが変われば、それに応じて定義を見直すということで、このような態度は事柄に対して認知的な態度と呼ばれる。だが歴史的にみると、このような認知的な態度が人間の世界に対して施されることはむしろ少ないのではないか。そうではなくて、規範的な態度と呼ばれるような対応がなされることが多い。

　規範的態度とは、新たに見い出されたその新たなセックスの仕方を「異常」「例外」とみなすことである。そしてその「異常な」セックスをする人を「異常者」とみなす。例えば精神医学の歴史で、どれだけのセックスが「異常性欲」という範疇で語られたことだろうか。規範的な態度を招いてしまうかぎり、定義するという行為は、誰かを

のけ者にしたり、異常視したりするわけで、その意味で政治的なのだ。

あるいはこうともいえる。定義するとは境界づけることでもある。形の上からみれば「性とは〜である」と定義されていようが、それが同時に意味するのは、「〜でないものは性ではない」ということである。つまり、定義すれば必ず定義上そうでないものが生み出されることになる。社会空間で何が起こるかといえば、それは排除や差別である。人の生が関わるような事象では、定義とは社会的排除と表裏一体なのである。だから、セックスが規範的に定義される以上は、自分のセックスのあり方を他の人や社会に認められない人が生み出されることになる。

ではなぜ、人に関わる定義が規範的になりやすいのか。元も子もないが、それは「金」だ。もう少し、言葉をやわらげるなら、さまざまな資本の投下がこれら定義に従って行われるからである。右向いても左向いてもそんなことばかりではないか。戦争、震災、事故、公害、薬害、被爆など、そこから補償、助成、年金などが支払われる場合、その人への定義に従って、金は流れる。実際に、被爆なり、肝炎なり、肺炎なりを患っていても、治療証明がない、住民票が違う、国籍が違うなど、補償を受けるという仕事は一大事である。言わずもがな、障害の認定も同様だ。

すなわち、その人に関わる定義が何であるかによって、この社会では、権利や義務の関係がいろいろと張り巡らされているわけだ。となると、定義を変えるというのは、とてつもなく政治的な、場合によっては、社会の流れそれ自体を動かすことにもなるような出来事になるということだ。いわゆる大文字の政治、法制化や政策に関わるような政治はもちろんのこと、日々日常の意思決定や人間関係も、定義が変われば大きく変わることになる。

その上で、社会学を専門にしている僕からすれば、こう言いたい。それぞれの今の社会で通用している（支配している）定義があり、そのため、一方では利益を得ている人たちがいて、他方で、損をしている人たちがいるということである。必ずしもゼロサムゲーム（ゲームに参加するものが影響し合って得点と失点の総和がゼロになる）ではないだろうが、ある支配的な定義のあり方によって、排除されている行動や人たちがいるのは確かだろう。これら排除されがちな人々の立場からすれば、排除の根拠とされている支配的な定義行動こそを問題にして、さらに、その定義の変更を求めなくてはならない。おそらく、1960年代から登場したさまざまな社会運動、例えばフェミニズム、ゲイ・レズビアン、障害者などの社会運動の根幹には、この定義変更への強い意志がある。定義をめぐる闘争であり、定義仕返す戦略である。

そうなると、この本で最初に問題にするべきは、身体障害者/セックスに関わる常識的で支配的な定義についてだろう。それはおそらく、身体障害者をセックスから排除するものであり、セックスを主に婚姻関係あるいは恋愛関係にある両性の間で行われる活動だとみるような定義＝常識である。この定義ではどうやら、セックスを頭に浮かべても、そこに身体障害者が登場人物としてあらわれることはまずない。だから

セックスを巡るいろいろ、避妊具にせよ、ラブホにせよ、障害者対応に思い至ることはほとんどない。さらにセックスといえば、親密な両性パートナー間で行われる活動だと定義され、さまざまな性がそこから排除されていくことになる。

本書でこれから語られる事柄については、それが当事者によるものだろうが、介助する側からのものだろうが、いわゆる専門家によるものだろうが、上に述べたような常識的な定義に対抗し、新たな定義を申し立てるものとして理解するのがいいだろう。まさに「定義申し立て運動」なのだ。身体障害者がセックスする。パートナーがいなくても誰かに手伝ってもらってセックスする。ただそれだけのこととともいえるのだが、支配的な定義はそれを、さすがに今の社会だから簡単には「異常」とはラベルづけないものの、思い至らなかったり、なかったことにしたり、見ないふりをしたり、あるいは倫理的に道徳的に問題だとしたり、そのような何気ない日常的な態度を繰り返すことで、結局はこのことの存在を排除してしまうのである。

そうではない。

この本では、そうではない、ということが自ずと語られる。それらの生き生きした語りの一つひとつは、新しい定義をセックスに与えよ、という運動でもある。

だから、僕は、ここでセックスについて定義などはしない。この本の章立ては、いかにも僕が一般的な総論として性の定義を提示するかのようだが、そうはならない。定義はこの書物全体で行う。もちろん、誤解のないようにつけ加えれば、今までの僕の文章も、これから続く僕の文章も、セックスとそれ以外を分けて書かれているわけで、その意味で、なにかしらの性の定義が含まれている。しかしそれは、この本でこれから続くすべての文章にもあてはまるのであり、それぞれの著者が自分の定義を持ちながら執筆しているはずなのだ。それでいいのだ。

すべての人が自分なりの定義を持ちながら、ことを進めていく、それでいいのだ。ある人の定義が科学的でないとか、ある人の定義は狭すぎるとか、そんな類いの定義同士の争いなどは、一つひとつの具体的な性と生をいかに進めていくのかにとっては、どうでもいいはずなのだ。もし具体的な場面で、ある人の定義とある人の定義が異なり、そのために不都合が生じるなら、その時、その場面にだけ通用するような新たな定義を探り出し、その場面にいる人たちが共有すればいい。バラバラで多様な定義づけ、そのつどの定義への合意、こういった事態を嫌い、それらを統合管轄しようとする意志、そのためにそこに介入しようとする知は、具体的な生ではなく一般的で規範的な生なるものを志向してしまうのである。そのような知を僕は認めない。

次に、セックスとコミュニケーションをテーマにして思うところを書くつもりだが[※1]、それとて一般的な知を志向するものではない。

● セックスには言葉はいらない？

　パートナー同士がそれぞれの肉体を知り合い、感覚や感情を交流させつつ、喜びを感じたり与え合う、そのように体験される社会的行為、それがセックスだろう。セックスする社会空間はなにも親密な人間関係に限定されないが、親密な関係を営むには、かなりの程度でセックスが重要になってくる。就業、家事、育児、介護などに劣らない。だが例えば、セックスにおける固定的な性別役割分業を意識して問題視することはあまりないだろう。むしろ性別に応じてなすべきとされる性行動について、その固定観念の流布が、フェミニズムの浸透にもかかわらず、雑誌やアダルトビデオなどを通じて強められている気がする。セックスといえば性交、リードは男性、オルガズム（性的絶頂感）は（女性のみならず男性も）演技してまでも求められる「満足」という価値となる。

　セックスは自分の身体で感じられる悦びの総体だともいえて、まずは自分なりの悦びのありようを自覚し、パートナー同士で、それを伝え合い、認め合うことから始まる行為である。視・聴・嗅・味・触、それぞれの感覚を生かし合い、相手の五官に身をゆだね合う。心身で感じるやすらぎや甘え、やわらかさや激しさ、その中でのまなざしや言葉や香り、そこにはすでにセックスがある。要は、自分たちのセックスのあり方を自覚的に共同作業によって組み上げることだ。性交もセックスの一部ではある。だがどうしたわけか、マニュアル的に、性交を最終目標にするような規範があり、この性交至上主義にかたくなに縛られてしまうと、人はセックスにおいて固定的な役割を思いのほか演じてしまう。規範的で固定的な役割分業は、セックスでもその豊かさを減じるだけなのに。

　大事なのは、無自覚な分業を超え出るコミュニケーション。気持ちいいのかどうなのか、どうしてほしいのか、どうしたいのか、いやなことにはノーと伝える、そういった「普通の」コミュニケーションが感情の次元で成立するように、パートナー同士の関係を意識して保っていかなくてはならない。人との出会いは自然の賜物だとしても、その関係のありようはそうではない。

　共同生活を成り立たせるいろいろな営み、そのすべてで必要なはずのこと、つまり、自分たちの感情や気持ちを素直に互いに伝え合うこと、そういった交流を可能にする信頼感や安堵感、そして自覚と対話。結局、それらがなければセックスだけが輝くはずもない。セックスするしないを確認し合って、自分らの性的嗜好や性感帯を知らせ合って見つけ合って、避妊の方法を話し合って、時間や場所、プレイ、体位、グッズの使用、そういったことをすり合わせて、自分たちの快感を高めるにしても、その根底になくてはならないのは、互いに感情を表現しそれを認め合うという、そのような関係作りへの努力とその心地よさではなかろうか。そこには言葉でもって自分を伝え、同時に相手の言葉を聞き、互いの行為と関係を作る必要がある。

● セックスはコミュニケーションのため？

　さて、アダルトビデオの最大手の一つソフト・オン・デマンド社（東京都中野区）がここ数年、比較的規模の大きいリサーチをセックス関連で行っている。「SOD Sex survey 日本人の性意識/性行動の実態調査」と名づけられたこの調査の目的は「日本人の性意識・性行動の現状を定量的に調査して調査結果を資料としてまとめ、国内外一般に向けて発信し、またメディア、教育機関、医療機関、行政その他の関係機関の便宜に供する。以上によって、過度な誇張・戯画化や規範意識の押しつけにより歪められがちな「性」に関する情報について、その実態や課題等に対する客観的で正しい認識を広げていき、また性別・年代等での性意識の乖離を明らかにすること」である。その詳細はネット上で確認してもらうとして、ここではこのリサーチをもとに考えたことを述べてみよう。

　例えば「性的な快楽のため」にセックスする人は、今の世、100％かと思いきや、実際には5割、女性ではもっとその割合は少なくなる。代わりに、セックスの目的として何がくるかといえば、男女ともに「愛情を表現するため」「ふれあい（コミュニケーション）のため」が上位にくる。本当だろうか？　もちろん嘘ではないだろう。だが、どんな愛情なのか？　どんなコミュニケーションなのか？

　例えば、「その人とのセックスであなたが望んでいる行為」と「その人とのセックスではどのような行為がありましたか」という質問を重ね合わせると、このような結果となるようだ。ディープ・キス（濃厚なキス）を望むのが60.2％、実際にディープ・キスをしているのが72.2％。相手の性器を手で刺激するのを望むのが45.0％、実際に相手の性器を手で刺激しているのが63.5％。相手の身体を抱きしめたいと望む人が56.6％、実際に抱きしめているのが69.6％。性器を手で刺激されたいと思う人が49.0％、性器を手で刺激されているのが60.2％。会話を望むのが46.5％、実際に会話しているのが58.4％。膣性交を望んでいるのが47.0％、実際にしているのが54.8％。ここまで拾い上げると、そのずれに「？」となる。男女とも、自分が望んでいる以上のプレイをセックスにおいて実際にしているという数字だ。

　他方で、グッズアイテムの使用による性的刺激やSM行為、コスプレ、ビデオや写真撮影は、望まれる率は多くても実際に行われる率はそれより少ない。いろいろな前準備が必要だからだろうが、同時に、それらの行為には、言葉による説得や納得や準備が必要だからではないだろうか。いずれにせよ、すれ違いのセックスを男と女がしているようにしか思えない。その結果は、相手の満足度の主観的な判断にあらわれ、自分が思う以上に相手は男女とも不満足だということになる。

　さて、「セックスするきっかけ」をみると、そこに、その原因の一端が垣間みえてくる。男性の46.4％が「自分からセックスする雰囲気を自然に作れる」と言い、同じく53.9％が「自分からセックスをしたいと言える」としている。だが、これは少なくないか。というのは、同じ項目にイエスとしている女性は、それぞれ26.5％、24.8％だ

からであり、さらに「自分からセックスは誘わない」女性が 20.8 ％、「相手から求められなければしない」女性が 26.5 ％だからだ。男性の半分が自分から言えないのだから、結果、セックスレスのカップルが大量発生となるわけだ。

　その原因は、いたって単純なこと、みんながセックスの理由にした「コミュニケーション」そのものがないということだろう。すれ違い、はき違い、思い違い、勘違いのセックスやその行為であり、あるいはセックスするに至らない状況が生まれるのは、基本的なやりとりであるコミュニケーションが足りないからだろう。つまり「自分がしたいこと、してほしいこと」を伝え、「相手がしたいこと、してほしいこと」を聞く、という単純なコミュニケーションが足りないのである。コミュニケーションせずにコミュニケーションを求めるというのは、考えてみれば、変な話。口にせず、相手をおもんばかる「やさしい」日本人と古典的な性別役割が、日本のセックスをだめにしているともいえるだろう。

　私は男性なのですが、このサイトを見た率直な感想として、自分と他の人（同姓、異性、年齢間の違い）を比較でき、考え方の違いを知ることができてよかったことです。特に興味があったのは、女性の性に対する考え方です。これを理解することで、相手の立場になって考えることができそうです。

　女性と男性の望む行為にずれがあります。しかし女性の立場としては、男性にそれを言うのは恥ずかしいものです。男性には貴社のサイトからそれをくみ取り、女性の快感を考えてもらえたらと思います。そして女性は男性の好奇心旺盛な面を理解し、考える必要があるのではないかと感じました。

　これら「SOD Sex survey」に寄せられたコメントが「相手の立場がわかった」ので、よりいいセックスができるというなら、それは間違いだ。そのつど、具体的なパートナーは異なる状況にあり、昨日楽しかったことも今日は嫌だということもある。相手の立場を勘案しても、言葉でのそのつどの確認を怠れば、コミュニケーションは存在しないのである。「女性の性に対する考え方」と「目の前の相手の考え方」は同じではないのだ。女性側が何も伝えることはないまま、このサイトを男性が参考にして、女性の願望をくみ取ってくれというのも同じく変な話だろう。それが出発点にあったとして、確認作業は必要なのだ。特に避妊に関わるものは大事だ。「雰囲気を壊すので避妊しない」「相手の希望で避妊しないことがある」といった発言は、コミュニケーションの省略そのものである。コミュニケーション不足のコミュニケーション好きなカップルたちの姿が浮かび上がってきたように思える。

　では、どうしてコミュニケーションの齟齬があるのか、あるいは齟齬を調整するようなコミュニケーションがどうして生まれにくいのだろうか？　そこには性欲への蔑視がいまだに潜んでいるような気がする。性欲を性欲として認めない何かである。

60％以上の人がパートナーとセックスする理由に「愛情を表現するため」と答え、「ふれあい（コミュニケーション）のため」という人も5割いる。つまり、セックス自体の意味づけは非常に喜ばしい社会的にも価値のある事柄である。もしそうなら、愛情表現やふれあいのために、もっとセックスしてしかるべきだし、「セックスしよう」という表現が男女問わずに7割近い人に認められてもいいだろう。でも実際は違う。セックスはまずもって性的な快楽、喜び、楽しみこそが本筋だろう。愛情のあるセックスは、愛情のないセックスへの批判として意味を持つのであって、セックスが愛情のためにあるというのは、筋違いではないのかと疑ってもいいだろう。

　セックスは性的な快楽のためと言い切れない何かが、言い切ってはまずいと思わせる何かが、コミュニケーションの邪魔をしている。もし互いに肩のこりをほぐすマッサージをするのであれば、マッサージをしてほしい、そこが気持ちいい、そこは痛い、もっと強く、もっとやさしく、などなど、注文を相手に普通にできるはずである。セックスはマッサージほどの社会的承認さえ受けていないのかと思う。どうしてだろうか。

　一つは、性交渉と結婚を結びつける考えの弊害である。8割の人が婚姻前の性交渉を認めているが、裏を返せば、2割が認めず、またこのような問いが成立していること自体、性の倫理化あるいは性的快楽への禁忌があるからだろう。

　もう一つは、性的快楽自体を即物的に理解しているからである。例えば、2割強の人が男性には強姦願望があると答えている。強姦とは不同意を前提に、まったくコミュニケーションがない「性的交渉」である。性的快楽はそのような場合にもあるとみなされるから、性的快楽が高い評価を得られるはずはない。

　こうして性的快楽はセックスにおいて二の次にされる。だが、パートナーとのセックスで性的快楽を互いに高めることは非常に重要なことだろう。セックスの本筋はこの快楽なのだから。もし、パートナー同士でこのことを怠れば、それは、コミュニケーションなしで二人が同時にマスターベーションするのとそれほど違いはない。互いが親密になり、互いを知るプロセス抜きに、互いに性的快楽を享受できる関係には行きつけない。時間と手間がかかるこの仕事を一緒にするのがパートナーだろう。パートナーなら、互いに性的快楽をどのように求めるかをコミュニケーションしたらいいのである。

　最後に、障害と性に着地して、再び、僕の勝手な思いを言えば、この本の著者たちがセックスの再定義を申し立てると言った時に、そこで僕が期待している一つは、セックスが楽しい、楽しんでいい、楽しむためにはコミュニケーションが必要、というシンプルな流れを打ち立てることだ。何か特別の権利だとか、自由だとかを申し述べる必要はない。セックスしたいんだから、すればいい。むしろ問題は、このシンプルな流れが現代社会では、その常識的な定義の世界では、排除されていることなのである。

　その上、恥ずかしいという感情による規制をどのように解除するのかが大事であろうことは、先に紹介した女子学生の発言にも明らかで、おそらく、ある種の感情教育

が必要にもなるだろう[※2)]。言葉を交わさないことによるすれ違いや思い違いは、お互いの満足度や希望するセックスの不一致にはっきりと姿をあらわしている。個人の嗜好や男女差があるのは当然だと言い切るのでは話にならない。日本文化の特殊性だといっても話にならない。人間関係であれば、その差を互いが納得して満足いくように調整するのが筋だろうからだ。言葉も抜きに何もしないのでは、ただの怠慢だということになる。コミュニケーションをせずにコミュニケーションを求めてセックスするのは、やはり本末転倒である。パートナー同士が、互いに性的な快楽を求めてセックスするのであり、そのためにコミュニケーションをするのである。その一端となるように、新たな定義の可能性が多様に展開されてほしいのである。

※1　以下の文章は、「自由なセックスと感情表現」(中川淳 (編)：家族論を学ぶ人のために。世界思想社、1999) および、SOD Sex Survey (http://www.sodsurvey.jp/) への2回にわたる寄稿文「性に見える生〜セックスとコミュニケーション」(2009)、「パートナーに介入するのは誰だ！」(2010) をベースに書かれている。

※2　『ホモ・アフェクトス―感情社会学的に自己表現する』(岡原正幸：世界思想社、1998) では脱慣習的感情管理という概念で、文化運動としての感情管理を提起している。これは人が自らの感情経験のあり方を捉え直し、自分らしい生を達成するのを邪魔するような自分の感情を、書き換える営みである。

第1章　②総合的分析と個別支援の現状

1. 障害を持つ男性への医学的性支援

小川隆敏（海南市民病院泌尿器科，医師）

● はじめに

　身体障害者のリハビリテーションにおいて、性機能障害の重要性が徐々に認識されるようになっている。本稿では、脊髄損傷を持つ男性の性機能障害の仕組みと医学的にできる性支援の実際について述べることにする。他の疾患においても考え方はほとんど変わらないので、本稿を参考にしていただきたい。

● 男性の尿路と性器の解剖と生理[1]

　男性の下部尿路（腎臓と尿管を上部尿路、膀胱と尿道を下部尿路という）と性器の解剖を図1に示す。男性の性器は外から見ることができる「外性器」と、体の中にある「内性器」に分けられ、「外性器」は陰茎（ペニス）と陰のう、「内性器」は精巣（睾丸）、精巣上体（副睾丸）、精管、精のう、前立腺から成り立っている。

　膀胱に貯められた尿は、尿道を通って外尿道口から排出される。膀胱の出口付近の尿道を取り囲むように前立腺があり、前立腺では、精液の成分の一つである前立腺液が作られる。尿道は陰茎を貫いて外尿道口に開口する。尿を漏らさない仕組みとして、内括約筋、外括約筋があり、尿を貯める時は、括約筋が収縮し、尿を出す時には弛緩する。これらの仕組みは神経支配によって調節を受けているので、脊髄損傷などの神経障害では多くの場合、排尿障害を伴うことになる。

　陰のうの中には、精巣（睾丸）があり、ここで精子が作られ、作られた精子は精巣上体（副睾丸）を通って、精管の中を進み、精のうで作られた精のう液とともに、射精管を通じて尿道に運ばれる。ここで前立腺からの分泌液（前立腺液）が加わり、精液が形成される。前立腺液は「栗の花の匂い」に例えられる独特の匂いがあり、精子に活性を与える働きがある。性的興奮が高まり、陰茎（ペニス）が勃起すると、精のう液や前立腺液が分泌され、尿道へ排出（emission）され、内尿道口が閉鎖されることにより精液の膀胱への逆流を防ぎ、性的興奮が頂点に達すると、精液が外尿道口から

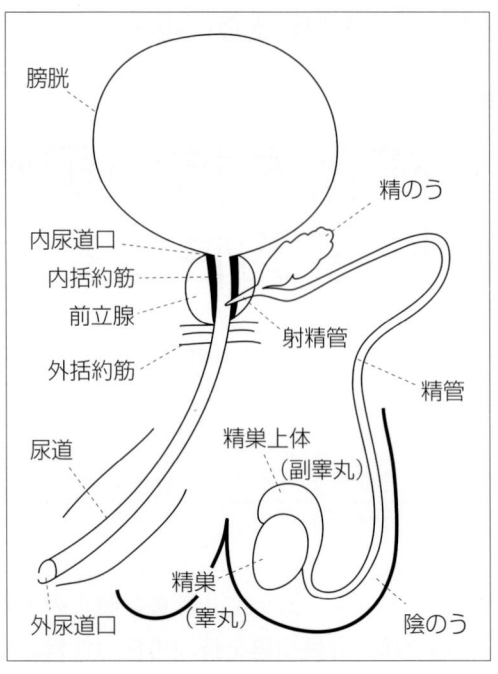

図1　男性の下部尿路と性器の解剖[1)]

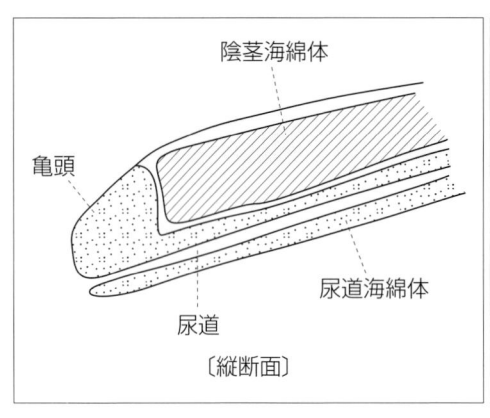
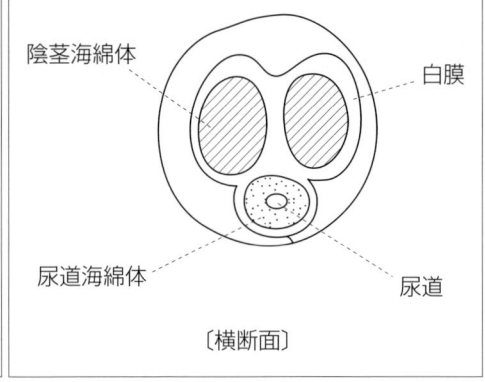

図2　陰茎の解剖[1)]

体外へ射出（ejaculation）される。

　精巣では精子の形成とともに、男性ホルモン（主としてテストステロン）の産生が行われ、性器の発育や機能を促進し、精子の形成にも関与する。脊髄損傷では、尿路の細菌が精管を伝わって逆行し、精巣上体炎（副睾丸炎）や精巣炎を引き起こすことにより、男性ホルモン分泌の低下や精子形成の低下をきたすことがあり、この意味でも、脊髄損傷者の尿路管理が重要である。

　勃起に関わる主たるものは陰茎（ペニス）である。陰茎は2本の陰茎海綿体と1本の尿道海綿体というスポンジのような構造体からなり、白膜という強力な膜でおおわ

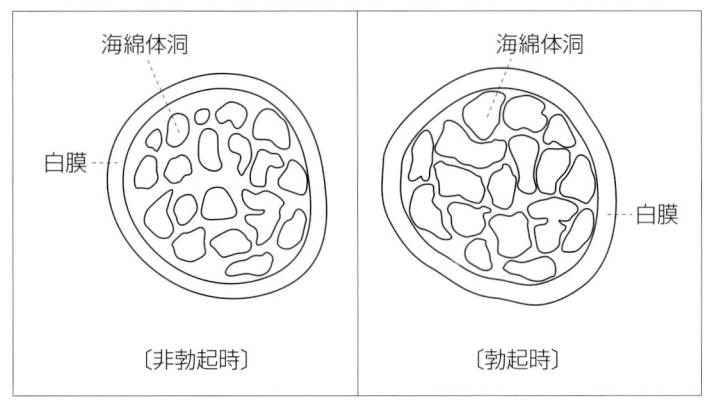

図3　勃起のしくみ

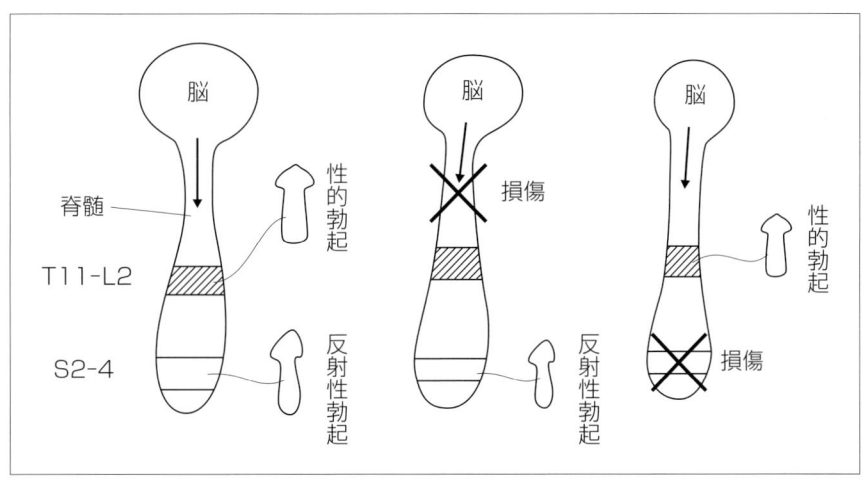

図4　勃起の神経支配

(小谷俊一：性機能障害. 脊損ヘルスケア編集委員会（編）：脊損ヘルスケア　基礎編. NPO法人日本せきずい基金, p78, 2005)

れている。尿道海綿体の先端は亀頭と呼ばれ、勃起の時は、尿道海綿体や亀頭は膨張するだけで、かたくはならない（図2）。陰茎海綿体の海綿体洞は血管と同じような構造になっており、非勃起時には海綿体洞の中には少量の血液しか流れていないが、勃起の時は海綿体洞に血液が充満し、陰茎は大きくかたくなる（図3）。

　排尿と同様、勃起も複雑な神経支配のもとに調節されている。勃起には、ポルノ写真やビデオなどによって起こる「性的勃起」と、マスタベーションなどによる陰茎への直接刺激によって起こる「反射性勃起」がある。図4に勃起の神経支配を示すが、「反射性勃起」の中枢（コントロールする部位）はS2-4（第2〜4仙髄神経；第1の勃起中枢と呼ばれる）にあり、「性的勃起」の中枢はT11-L2（第11胸髄神経〜第2腰髄神経；第2の勃起中枢と呼ばれる）にある。視覚、聴覚などの性的刺激により、大脳

が興奮し、その刺激は交感神経中枢（T11-L2）に伝えられ、「性的勃起」が誘発される。一方、陰茎への直接刺激は仙髄中枢（S2-4）に伝えられ、「反射性勃起」が誘発される。

● 脊髄損傷者の性機能障害

　男性性機能は、1）性欲（性的興奮）、2）勃起、3）性交、4）射精、5）オルガズム（orgasm；極致感、絶頂感）という一連の過程からなり、男性性機能障害とは、この過程の一つ以上欠けるか、もしくは不十分なものと定義されている。このうち、勃起障害はインポテンス（impotence）という従来の呼び方に変わり、ED（erectile dysfunction）と呼ばれるようになり、日本性機能学会では「性交時に有効な勃起が得られないために満足な性交が行えない状態で、通常性交のチャンスの75％以上で性交ができない状態」をEDと定義している。勃起は、「性的勃起」と「反射性勃起」に分けられるが、脊髄損傷者の場合の「反射性勃起」は、導尿をする時や尿袋を陰茎（ペニス）に装着する時などにも起こることがある。

　T11-L2の第2の勃起中枢よりも高いレベルで損傷を受けると、性的刺激による大脳からの信号が第2の勃起中枢に伝えられず、「性的勃起」が起こりにくい状態になるが、第1の勃起中枢が働くので、「反射性勃起」が保たれ、むしろ増強される。T11-L2の第2の勃起中枢より低いレベルでの損傷では、大脳からの性的刺激は第2の勃起中枢に伝えられるので、「性的勃起」は保たれることになるが、「反射性勃起」は起こりにくくなる。単純化すると、下肢の痙性があり、肛門が閉まっている場合（頸髄損傷や高位の胸髄損傷）は「反射性勃起」が起こりやすく、下肢の痙性がなく、肛門がゆるんでいる場合（下位の胸髄損傷や腰髄損傷）は「性的勃起」が残っていることが多いということになる（図4）。

　仙石ら[2]の報告によると、完全麻痺例（82例）で、勃起が「よくある」「ときどきある」を「勃起あり」とすると、頸髄損傷では「性的勃起」が17％に対して、「反射性勃起」は53％であり、腰髄損傷では「性的勃起」が25％に対して、「反射性勃起」が20％という結果で、勃起の神経支配とその障害を反映していることになる。

　小谷[3)4)]が国内外の文献を集計した結果、2,930名のうち、勃起可能（「反射性勃起」を含む）は1,802名（62％）、性交可能は730名（25％）、射精可能は445名（15％）で、パートナーの女性の妊娠に成功した人はわずか55名（2％）と報告している。受傷後も勃起機能が残っている人が多いのに対して、射精機能が障害されているのが大きな特色であり、未婚者や既婚者でも、まだ子どもができていない時期に受傷した場合、深刻な問題となる。

　いずれにしても、脊髄損傷者への性支援が必要なのは、これらの統計をみても明白である。

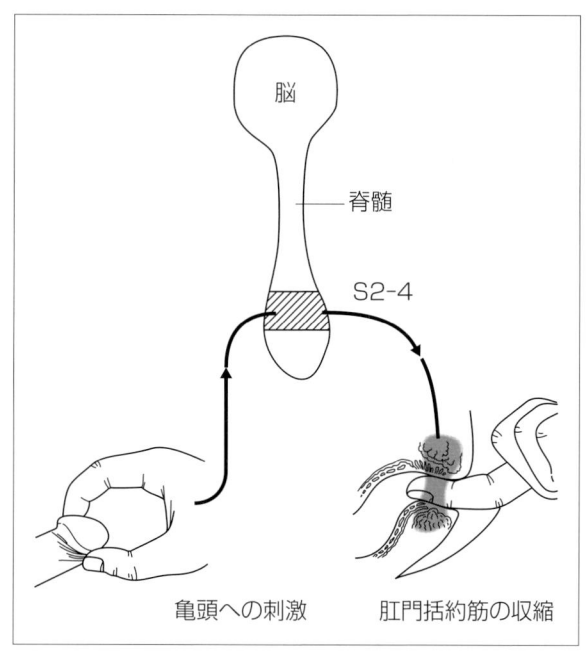

図5　球海綿体反射
(武井実根雄：Ⅲ診断 泌尿器科的現症. 内藤誠二（編），吉田　修（監）：泌尿器科外来シリーズ6 Erectile Dysfunction外来. メジカルビュー社，p42, 2000 より引用，一部改変)

● 医学的支援の実際

1．勃起障害への支援

　脊髄損傷者の勃起障害への支援を行う時、麻痺の評価と勃起障害の程度の把握が重要となる。肛門周囲の知覚や肛門括約筋の随意収縮が消失している場合は完全麻痺であり、少しでも保たれていれば不完全麻痺（不全麻痺）と定義されている。完全麻痺よりも不完全麻痺のほうが勃起機能が保たれることが多い。肛門に指を入れて、陰茎の亀頭を刺激すると肛門が収縮する球海綿体反射があれば、S2-4の第1の勃起中枢が保たれていることになり、「反射性勃起」が起こりやすいが、球海綿体反射が消失していれば、「反射性勃起」が起こりにくいことになる（図5）[5]。

　勃起機能の指標としては、15項目の問診からなるIIEF（international index of erectile function；国際勃起機能スコア）から勃起関連の6項目を選択したものが用いられることが多い。①勃起の経験、②挿入可能なかたさ、③挿入の回数、④挿入後の勃起維持、⑤性交終了までの勃起の維持、⑥勃起を維持する自信の6項目からなる（**表1**）。IIEFは勃起障害の治療（特に薬物治療）において効果判定に使われることが多い。

　勃起障害の治療は段階を追って進められる。第一段階はPDE5阻害薬、陰圧式勃起

表1 IIEF質問票（勃起関連）

	0点	1点	2点	3点	4点	5点
性的行為におよんでいる時、何回勃起を経験しましたか？	性的行為なし	まったくなしほとんどなし	たまに（半分以下）	ときどき（半分くらい）	おおかた（半分以上）	毎回ほぼ毎回
性的刺激の場合、何回挿入可能なかたさになりましたか？	性的刺激なし	まったくなしほとんどなし	たまに（半分以下）	ときどき（半分くらい）	おおかた（半分以上）	毎回ほぼ毎回
性交を試みた時、何回挿入することができましたか？	性交の試みなし	まったくなしほとんどなし	たまに（半分以下）	ときどき（半分くらい）	おおかた（半分以上）	毎回ほぼ毎回
性交中、挿入後何回勃起を維持することができましたか？	性交の試みなし	まったくなしほとんどなし	たまに（半分以下）	ときどき（半分くらい）	おおかた（半分以上）	毎回ほぼ毎回
性交中に、性交を終了するまで勃起を維持するのが困難でしたか？	性交の試みなし	ほとんど困難	かなり困難	困難	やや困難	困難でない
勃起を維持する自信の程度はどれくらいありましたか？		非常に低いまったくない	低い	普通	高い	非常に高い

補助具、陰茎リングによる治療、第二段階は陰茎海綿体内注射療法、第三段階は陰茎プロステーシスである。どの段階までの治療を希望するのか、パートナーとよく話し合って決めなければならない。

(1) PDE5（phosphodiesterase 5）阻害薬

性的刺激によって陰茎海綿体神経の終末や海綿体の血管内皮細胞から一酸化窒素（NO：nitric oxide）が放出され、陰茎海綿体の平滑筋細胞に取り込まれ、cGMP（cyclic guanosine monophosphate）の濃度が高まることにより平滑筋の弛緩が起こり、海綿体洞に血液が流入することにより勃起が引き起こされる。cGMPはPDE5によって分解されるので、このPDE5の働きを阻害する薬はcGMPを高い濃度に保ち、勃起を引き起こし、維持する作用がある（図6）。この薬はPDE5阻害薬と呼ばれ、シルデナフィル（バイアグラ®）、バルデナフィル（レビトラ®）、タダラフィル（シアリス®）が現在使用されている。いずれの薬剤も医師の処方箋が必要で、薬価未収載のため自費扱いとなる。

表2にそれぞれの薬剤の特徴を記載している。バイアグラ®とレビトラ®に比べて、シアリス®の血中半減期が長く、シアリス®の有効発現時間は36時間とされている。注意していただきたいのは、これらの薬剤は性欲を増強させる催淫剤ではないので、服用すれば自然に勃起するものではなく、効果を発揮するには、必ず陰茎刺激が必要なことである。

投与の禁忌（服用してはいけない）としては、①狭心症の治療で硝酸薬（ニトログ

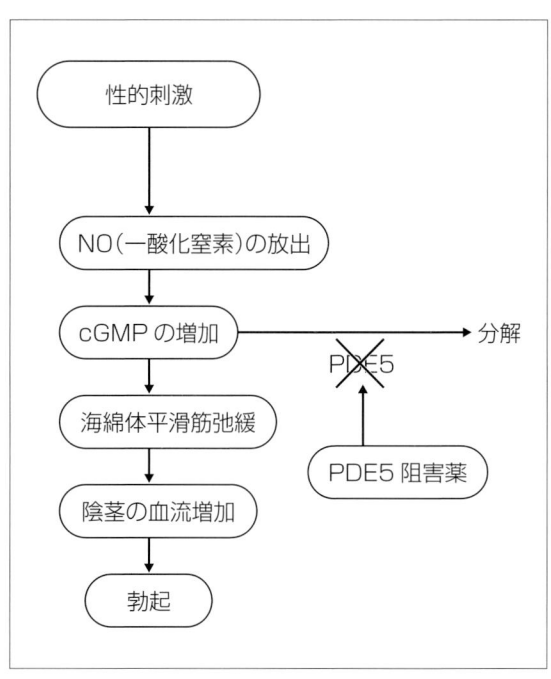

図6　PDE5阻害薬の作用機序

表2　PDE5阻害薬の比較

一般名	シルデナフィルクエン酸塩	バルデナフィル塩酸塩水和物	タダラフィル
商品名	バイアグラ®	レビトラ®	シアリス®
発売元	ファイザー	バイエル	日本新薬
発売年	1999年	2004年	2007年
剤型	25 mg, 50 mg	5 mg, 10 mg, 20 mg	5 mg, 10 mg, 20 mg
投与時間	性行為の約1時間前	性行為の約1時間前	性行為の約1時間前
血中半減期	3〜5時間	3〜5時間	約14〜15時間
性的刺激	陰茎刺激が必要	陰茎刺激が必要	陰茎刺激が必要
食事の影響	普通食・高脂肪食で効果低下	高脂肪食で効果減	影響なし
飲酒	飲み過ぎで効果低下	飲み過ぎで効果低下	飲み過ぎで効果低下
用法・用量	1日1回25〜50 mg	1日1回10 mg 20 mgに増量可	1日1回10 mg 20 mgに増量可
投与間隔	24時間以上	24時間以上	24時間以上
禁忌薬	硝酸薬など	硝酸薬など	硝酸薬など
副作用	ほてり，頭痛，視覚障害など	ほてり，頭痛，鼻閉，心悸亢進など	ほてり，頭痛，消化不良，背部痛など

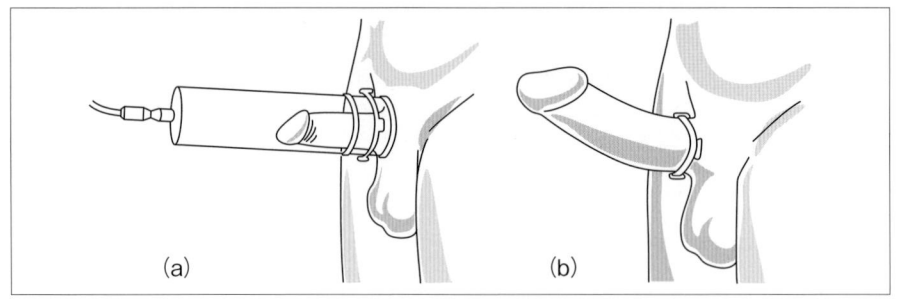

図7　陰圧式勃起補助具

陰圧式勃起補助具の原理．円筒形の筒の中へ陰茎を挿入し，これに陰圧をかけて吸引し，人工的に勃起を起こす（a）．この後に陰茎根部にゴムバンド（締めつけリング）を装着して血液を陰茎海綿体に貯留させ，勃起を継続させる（b）．
（小谷俊一：IV治療　治療第二選択　陰圧式勃起補助具（EDV）．内藤誠二（編），吉田　修（監）：泌尿器科外来シリーズ6 Erectile Dysfunction 外来．メジカルビュー社，p121, 2000）

リセリンなど）を服用中、②心血管系障害があり性行為が不適当な症例、③低血圧（血圧＜90/50 mmHg）または治療により管理されていない高血圧（安静時収縮期血圧＞170 mmHg または安静時拡張期血圧＞100 mmHg）、④脳梗塞・脳出血や心筋梗塞の既往歴が6カ月以内などが挙げられているが、決して危険な薬剤ではなく、若干の注意は必要であり、保険がきかず、経済的な問題もあるが、もう少し広く使われてもいいように思われる。

　中部労災病院での成績[3]はバイアグラ®を118名の脊髄損傷者（18～59歳、平均32.7歳）に処方し、最終的な有効率（勃起が十分なかたさがあり、かつ持続したケース）は77％と非常に高い数値であった。また、1）年齢が若い、2）受傷後経過期間が短い、3）麻痺の程度が軽い、4）頸髄レベルの麻痺の4つの因子が、バイアグラ®の有効率向上に重要であった。兵庫県立リハビリテーション中央病院でのバイアグラ®を処方した27例で、たいへん有効8例（30％）、ある程度有効13例（48％）と、78％に有効であったとの報告[6]もある。

　Soler ら[7]は、バイアグラ®、レビトラ®、シアリス®を投与し、表1に示す IIEF 質問票（勃起関連）で評価し、バイアグラ®で14.0点から26.8点へ、レビトラ®で15.8点から28.7点へ、シアリス®で18.6点から28.4点へと有意に改善したと報告している。

(2) 陰圧式勃起補助具

　陰圧式勃起補助具（VCD：vacuum constriction device）は陰圧をかけて陰茎海綿体に血液を滞留させ、勃起状態を作る方法である。プラスチックの筒の中に陰茎を挿入し、陰圧をかけて吸引し人工的に勃起を起こした後、勃起を維持するために陰茎根部にゴムバンド（締めつけリング）を装着する（図7）[8]。締めつけリングは30分以上は装着すべきでないといわれている。

　薬物を使用しないので安全性が高い、長期的に使用すればコストパフォーマンスが

高い、PDE5 阻害薬が使用できない患者でも使用が可能などの利点があるが、パートナーの理解が必要、皮下出血を起こすことがある（抗凝固薬治療を受けている場合は要注意）、「冷たい勃起」への不満、操作に手間取ると雰囲気がこわれるなどの欠点もある。

　本邦において厚生労働省が許可した陰圧式勃起補助具はベトコ®、リテント®、VCD 式カンキ®の 3 つであるが、現在使用可能なのは、VCD 式カンキ®のみである。インターネットの通信販売などで購入可能であるが、使用法に関しては医師の指導が望ましい。

(3) 陰茎リング

　勃起はするが持続しない（いわゆる中折れ）場合には陰茎締めつけバンドを勃起した陰茎に装着すると高い効果を発揮する。このバンドについては厚生労働省の規制はなく、性的勃起、反射性勃起、PDE5 阻害薬、陰圧式勃起補助具や陰茎海綿体注射療法で不完全な勃起しか得られない時に、勃起を維持するために補助的に使われる。

(4) 陰茎海綿体注射療法（ICI：intracavernosal injection）

　現在、ED 治療の第一選択は PDE5 阻害薬であり、脊髄損傷者においても高い有効性が報告されている。しかし、硝酸薬、一酸化窒素（NO）供与薬を使用中の場合は投与禁忌であり、PDE5 阻害薬の無効例も含めて、これらの場合には ICI が第二選択の ED 治療として広く推奨されている。

　ICI は血管拡張作用のある薬剤を陰茎海綿体に直接注射して勃起を引き起こす治療法である（図 8）。一般的には、プロスタグランジン E_1（PGE_1）が使用される。PGE_1 は 2011 年 2 月に厚生労働省により診断薬として承認されたが、まだ治療薬としては認可されておらず、また自費診療を原則としている。現時点では、ICI は医師の裁量権の範囲で行われているにすぎず、注射後急いで帰宅したり、ホテルへ直行しなければならないなど著しく制約を受ける。副作用としては、局所の疼痛、海綿体の線維化、皮下出血、持続性勃起がある。陰茎海綿体注射後、4 時間以上勃起が持続する場合は専門医への受診が必要となる。海外では広く行われている方法であるので、わが国でも普及することが望まれる。

(5) 陰茎プロステーシス

　主にシリコンでできたプロステーシスという器具を陰茎海綿体内に挿入する手術で、すべての ED 治療が無効であった時の最終手段である。わが国では、棒状で曲げ伸ばし式のノンインフレータブルタイプ（AMS600™、Dura II™）と水の移動によりポンプで勃起状態と非勃起状態を作ることができるインフレータブルタイプ（AMS700CXM™）が厚生労働省から認可されている。保険適応はなく、材料費、入院費、手術費用すべてが自費となるので数十万円かかることになり、また脊髄損傷者においては、尿路感染や褥瘡などのために創感染を起こしやすく、わが国ではあまり普

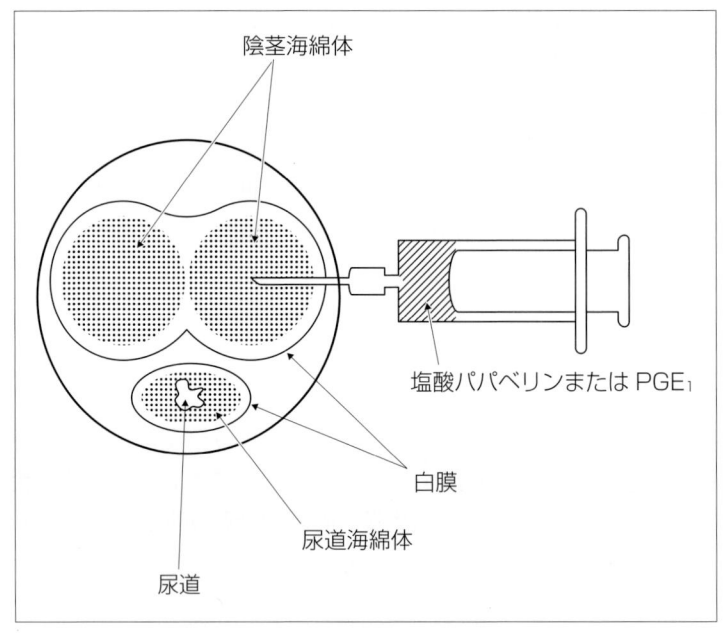

図8　陰茎海綿体注射療法
(小谷俊一：性機能障害. 脊損ヘルスケア編集委員会（編）：脊損ヘルスケア
基礎編. NPO法人日本せきずい基金, p85, 2005)

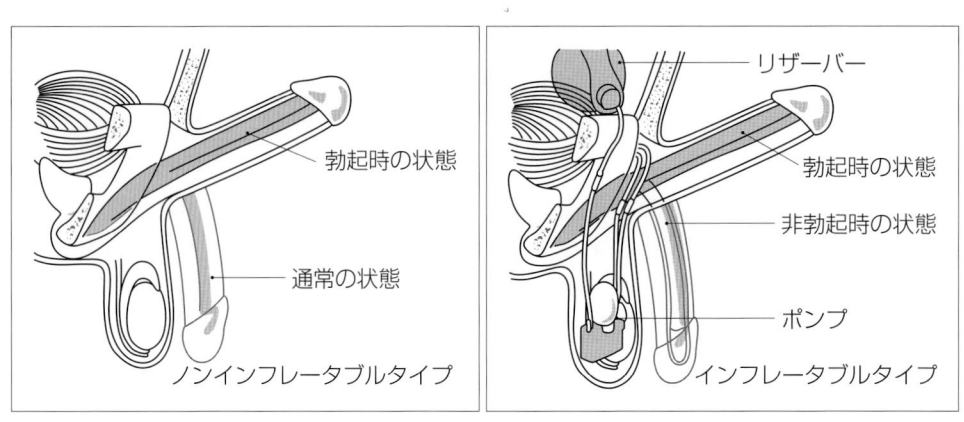

図9　陰茎プロステーシス
(永尾光一, 他：Ⅳ治療 治療第三選択 プロステーシス（局所麻酔, 日帰り手術）. 内藤誠二（編），
吉田　修（監）：泌尿器科外来シリーズ6 Erectile Dysfunction 外来. メジカルビュー社，
pp129-130, 2000 より引用, 一部改変)

及していない（図9）[9]。

　脊髄損傷者の勃起障害の医学的性支援の実際は、兵庫県立リハビリテーションセンター中央病院[5]での平成15年の139名の調査で、性的勃起32％、反射性勃起38％、

バイアグラ®22％、ペニスバンド3％、陰圧式勃起法3％、陰茎海綿体注入法1％、陰茎プロステーシス1％であった。

2．射精障害への支援

　脊髄損傷者における勃起障害はさまざまな医学的性支援によって、克服されつつあるが、射精障害の治療はなお困難な課題である。しかし、脊髄損傷者が子どもをもうけることは不可能なことではなく、施設は限られているが、さまざまな取り組みがなされている。

(1) バイブレーター法

　陰茎根部をバイブレーターにて振動刺激して射精を誘発する方法である。外国製では人工射精専用のバイブレーターが市販されているが、日本では専用のものがないので、肩こりマッサージ用のバイブレーターを転用していることが多い。刺激部位は冠状溝6時直下の包皮小体の部位が最も射精を誘発しやすいとされており、3分間の刺激と1分間の休止を1サイクルとして繰り返す。百瀬ら[7]によると、頸髄損傷患者6例中5例（83.3％）、上位型胸髄損傷患者3例中2例（66.7％）に射精の誘発に成功したと報告している。得られた精子は卵細胞質内精子注入法（ICSI：intracytoplasmic sperm injection）、〔いわゆる顕微授精〕によって受精が行われることが多く、射精時の随伴症状として、血圧上昇と痙性出現が特徴で、注意が必要なところである。

(2) 電気射精

　経直腸的に精のうから前立腺を電気刺激して、射精を誘発する方法である。百瀬[7]によると、頸髄損傷、上位胸髄損傷の93％、下位胸髄損傷、腰髄損傷の58.3％で射精が誘発でき、副作用は電気刺激時の血圧上昇やそれに伴う頭痛であった。採取された精液の質は精子濃度は正常であっても、運動率が低下していることが多く、顕微授精が必要なことが多いようである。兵庫県立リハビリテーションセンター中央病院、総合せき損センター、星ヶ丘厚生年金病院、中部ろうさい病院、神奈川県総合リハビリテーションセンター、国立身体障害者リハビリテーションセンターなどで導入されている。

(3) 精巣内精子抽出法（TESE：testicular sperm extraction）

　顕微鏡下に精巣内の精子を取り出し、精巣内精子が回収できれば凍結保存し、排卵のタイミングに合わせて顕微授精などに使用する。不妊症専門のクリニックなどで行われている。

●まとめ

　障害者に限らず、性の問題は、人前ではなかなか話しにくい事柄である。性に関する情報はさまざまなところから得ることができるが、すべてが正しい情報とはいえず、かえって混乱の原因になることもある。また性の問題は一人ひとり異なっているので、一般論ではなかなか語りにくいところがある。相談の窓口もたくさんあるわけではない。われわれ医療者も援助の手を差しのべようとしているので、皆さんもあきらめずに、よりよい生活を目指して頑張っていただきたい。

文献

1) （財）労災年金福祉協会（編），岩坪暎二，小川隆敏，小谷俊一，他：脊髄損傷者のための性と出産のガイドブック．三輪書店，1996
2) 仙石　淳，乃美昌司：脊髄損傷における性機能障害．*MB Med Reha* 115：53-60，2010
3) 小谷俊一：性機能障害．脊損ヘルスケア編集委員会（編）：脊損ヘルスケア　基礎編．NPO法人日本せきずい基金，pp77-88，2005
4) 小谷俊一：性機能障害．脊損ヘルスケア編集委員会（編）：脊損ヘルスケア　Q＆A編．NPO法人日本せきずい基金，pp39-48，2006
5) 武井実根雄：Ⅲ診断　泌尿器科的現症．内藤誠二（編），吉田　修（監）：泌尿器科外来シリーズ6　Erectile Dysfunction 外来．メジカルビュー社，pp41-45，2000
6) 兵庫県立総合リハビリテーションセンター脊損性機能研究会（編）：脊髄損傷者の「性」について（職員用ガイドブック）．2008
7) Soler JM, Previnaire JG, Denys P, et al：Phosphodiesterase inhibitors in the treatment of erectile dysfunction in spinal cord-injured men. *Spinal Cord* 45：169-173，2007
8) 小谷俊一：Ⅳ治療　治療第二選択　陰圧式勃起補助具（EDV）．内藤誠二（編），吉田　修（監）：泌尿器科外来シリーズ6　Erectile Dysfunction 外来．メジカルビュー社，pp120-127，2000
9) 永尾光一，石井延久：Ⅳ治療　治療第三選択　プロステーシス（局所麻酔，日帰り手術）．内藤誠二（編），吉田　修（監）：泌尿器科外来シリーズ6　Erectile Dysfunction 外来．メジカルビュー社，pp128-134，2000
10) 百瀬　均，山田　薫：挙児希望に対するアプローチの実際．*Jpn J Rehabil Med* 45：148-150，2008

※　3)4)はインターネットで「日本せきずい基金」に入って「刊行物」をクリックすれば閲覧・ダウンロードすることができる。

第1章　② 総合的分析と個別支援の現状

2. 障害を持つ女性への医学的性支援

仙石　淳（兵庫県立リハビリテーション中央病院泌尿器科，医師）

● はじめに

　女性の性行為は、勃起、射精を行う男性と比べて受け身であることが多く、また生殖機能に関しては内分泌機能による受胎能力は保たれることが多いため、性欲（性的興奮）、腟潤（腟の濡れ）、性感、オルガズム（極致感、絶頂感）といった性行為のための性機能については看過されがちであり、これまでの調査、研究も男性に比べて格段に少ない。本稿では障害を持つ女性の性行為に関わる性機能障害とその対策について、脊髄損傷と脳血管障害の場合を中心に医学的側面から概説したい。

● 性行為に関わる女性の性機能

1. 女性の性反応（性的反応）

　健常女性が性行為に際して示す反応は、以下の4つの段階に分けられる。

(1) 興奮期
　性的感情が起こると骨盤内が充血し、腟全体の拡張が始まる。通常、性的興奮のない時の腟は前後の腟壁がぴったりと接しているが、それが空洞になるように開く（腟のテント形成）。腟壁の血管が充血すると、俗に「愛液」といわれる腟内潤滑液を腟壁表面より漏出し、性交時のペニスの挿入を容易にする。また腟前庭の後側方に左右1個ずつ存在するバルトリン腺からも粘液が分泌され、腟口を潤滑にする。これら腟や外性器が「濡れる」反応を腟潤という。同時に陰唇、陰核（クリトリス）も充血・膨脹する。さらに乳房の膨隆や顔面紅潮も始まる。

(2) 上昇期
　かなり進行した興奮期からオルガズムの直前までをいう。性器の局所的血管充血反

応は最高度に達し、小陰唇はさらに膨脹し、腟前庭が露出し、小陰唇は色調が変化する。

(3) オルガズム期

絶頂感（極致感）に達するとともに、腟括約筋を含めた会陰筋がリズミカルに収縮する。血圧、心拍数、呼吸数が最高値を示し全身の筋緊張は低下する。顔面紅潮はピークとなる。

(4) 消退期

性反応がもとに戻る時期である。オルガズム後5～10秒で陰核は平常な状態に戻るが、腟が弛緩した状態から平常の状態に戻るのに10～15分かかる。しかし、この段階では刺激により再度オルガズムに達することもある[1]。

2．女性性器の神経支配

・会陰部、陰唇、陰核、腟からの求心性刺激は、陰部神経 pudendal nerve（体性神経）を介して第2～4仙髄へ伝達される。また陰部神経は会陰や腟の運動もつかさどる。
・第2～4仙髄から出る骨盤神経 pelvic nerve（副交感神経）は、腟、会陰、陰唇、陰核および子宮頸部に至り、腟潤や陰唇、陰核の膨脹、充血に関与している。
・第11胸髄～第2腰髄から出る下腹神経 hypogastric nerve（交感神経）は、子宮体部に至り、子宮の収縮や知覚に関与する[2]。

● 女性脊髄損傷者の性機能障害とその対策

1．女性脊髄損傷者における性反応の障害

(1) 陰部知覚（性感や快感）の低下・消失

仙髄を起始核とする陰部神経からの脊髄上行性伝達刺激は、ほとんどすべてのレベルの脊髄損傷で障害され、陰部知覚による性感や快感は完全麻痺では消失し、不全麻痺では神経障害の程度による知覚低下をきたす。

(2) 腟や会陰の随意運動、筋緊張の障害

同じく陰部神経核への脊髄下行性伝達刺激も障害されるため、腟や会陰の随意運動も高率に障害される。また腟括約筋や会陰筋の緊張低下のために腟がゆるんだ状態となり、ペニスと腟壁の摩擦が低下することで男女ともに満足度が落ちることがある。

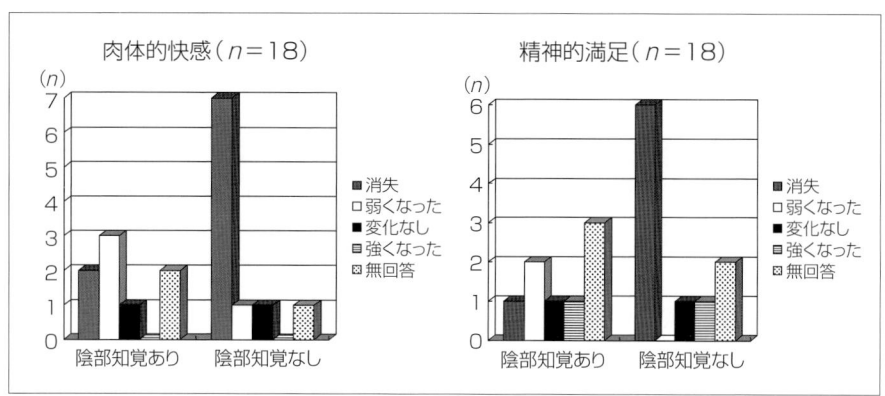

図1 女性脊髄損傷者の性行為における陰部知覚の有無と肉体的快感および精神的満足の変化[7]（兵庫県立リハビリテーション中央病院，2003）

（3）オルガズムの消失

絶頂感を伴うオルガズムは消失しやすいといわれているが[3]、実験的手法を用いた評価において、胸髄第6レベル以上では完全麻痺例も含めて約50％の脊髄損傷女性がオルガズムに達する能力を維持していたとの報告もある[4]。

（4）腟潤、陰唇・陰核の充血や膨脹の低下・消失

仙髄を起始核とする骨盤神経が関与する腟潤や、陰唇・陰核の充血・膨脹は、不全麻痺症例では保たれやすく、胸髄第10レベル以下の完全損傷で消失しやすいが、完全麻痺例でも頸髄や上位の胸髄損傷では機械的刺激により反射性に認められることがある[5)6)]。

これらの性反応の障害が性行為における満足度に及ぼす影響について、18名の女性脊髄損傷者に対する当センターでのアンケート調査結果（2003年）[7]より、陰部知覚の有無による肉体的快感および精神的満足の変化を図1に示す。この結果では陰部知覚の消失が肉体的快感だけではなく、精神的満足にも深刻な影響を与えていることがわかる。また157名の本邦女性脊髄損傷者から有効回答を得た木元ら[8]のアンケート調査によると、女性の性機能問診票である Female Sexual Function Index（FSFI）の平均点は11.1で、これは米国の女性性興奮障害患者の平均点19.2よりもさらに低く、またすべての年齢層において、性生活の満足度が他の項目の満足度に比べて最も低かった。

2．女性脊髄損傷者の性行為における問題点とその対策

（1）陰部知覚の低下・消失とオルガズムの消失

胸、口唇、首筋など知覚が保たれている部位への愛撫により快感を得られるところを探す。またイマジネーションを働かせたり、ある程度演技をすることでお互いを盛

り上げるなど、精神的な効用で快感や満足を得られるように努める。こうすることで疑似オルガズムを得られる場合もあるといわれている[9]。

(2) 腟潤、陰唇膨脹の低下・消失
ペニスの挿入困難をきたしたり、性交時に腟粘膜を傷つけることがあるので、市販の水溶性潤滑ゼリーを用いる。

(3) 性行為中の自律神経過反射症状
頸髄損傷や第6胸髄以上の胸髄損傷では、性行為による刺激により自律神経過反射症状、すなわち発作性高血圧、頭痛、徐脈、発汗、顔面紅潮、ジンジン感などの異常感覚が誘発されることがある。程度が強い場合には、ただちに性行為を中断し、頭部を挙上させて症状がおさまるのを待たなければならない。

(4) 性行為中の尿失禁・便失禁
排尿や導尿は性行為の前にすませておく。このことは尿失禁の予防となるだけでなく、膀胱炎や腎盂炎の予防にもなる。膀胱炎がある場合には性行為を控えるべきであるが、やむを得ない場合には抗生剤の予防投与（性行為30分前ぐらいに1錠投与）が有効であろう。便失禁に対しては、浣腸などによる排便処置の後でも残便が出てしまうこともあるので、あらかじめ排便周期の中日で行うように調整することが望ましい。しかし、尿・便失禁ともにどうしても避けられない場合には、防水シーツや大きいサイズの失禁用パッドを敷いたり、シャワールームを利用するなどして、失禁があっても対応できるよう工夫する。

尿道カテーテルを留置している場合は、できれば膀胱洗浄のうえ膀胱内を空にしたうえでカテーテルをクランプし、腹壁にテープなどで固定する。そして後背位などカテーテルが邪魔にならないような体位も工夫する。ただし、性行為中に膀胱尿貯留に伴ってカテーテル周囲からの尿漏れや自律神経過反射症状などが出現した場合には、ただちにクランプを開放しなければならない。

(5) 痙性、股関節拘縮による下肢開排制限
痙性が強い場合には、あらかじめ医師やセラピストに相談し、薬での調節やストレッチ運動などを取り入れてもらう。性行為中はできるだけ全身の筋肉を緊張させないような体位、例えば頭を下げて横たわり、膝を曲げておく側臥位などを試してみる。またクッションを下肢や体幹保持の補助として利用したり、ギャッチベッドやソファ、車いすを利用した体位（座位など）をとる方法もある。どうしても開脚が困難な場合は紐や下肢ベルトなどで下肢を開脚固定することも一法である。

(6) 妊娠の可能性
受傷当初は無月経となる場合が約半数くらいあるといわれているが、通常、6カ月

〜1年後には回復し、妊娠・分娩が可能となる。したがって、妊娠を望まない場合には、コンドーム、避妊フィルムやピル（経口避妊薬）の服用など一般と同様の避妊対策が必要となる。

これら問題点の対策に共通して求められることは、性行為に関してもパートナーとのコミュニケーションを図り、障害についての知識を共有し、理解を得ることである。そしてそのうえで、既成概念にとらわれない自由な発想で、自分たちの障害に合わせた方法をパートナーと協力して工夫することが大切である。またこの問題についてパートナーとコミュニケーションをとることは、受傷後のボディイメージの変化に対するショックから、ともすれば失われがちな性行為への積極性を取り戻すためにも有効であろう。

● 女性脳血管障害患者における性機能障害とその対策

1．女性脳血管障害患者における性機能障害

脳の損傷自体はホルモンの内分泌機能や自律神経機能を損なうことは少なく、男女とも直接的な性機能障害はまれと考えられるが、もともとの性機能低下が進行しつつある中高年に発症すると、これを契機に性欲減退や性反応の低下が顕在化しやすいことが指摘されている[10]。対象の平均年齢がいずれも50〜60歳代の脳卒中後の女性を対象としたこれまでの報告によると、脳卒中後に性交を再開できた割合は約3〜7割程度であり、いずれも脳卒中前よりも高頻度のオルガズム障害[10)11]、腟潤や陰唇膨脹などの性反応の低下[12]、性生活への満足度の低下[13]を認めている。そして、その原因としては性行為による脳卒中再発リスクへの不安、片麻痺などの身体機能の低下、脳血管障害による性機能低下への不安や自信喪失感、うつ症状や糖尿病などの合併症、薬剤の影響、パートナーの態度の変化、性交痛など更年期による性機能障害などが挙げられている。

2．女性脳血管障害患者の性行為における問題点とその対策

(1) 性行為による脳卒中再発リスクへの不安

再発予防のために高血圧などのコントロール治療は必要であるが、性行為自体は日常生活でよくある運動強度であり、再発作や麻痺の悪化を招くとは考えられないことを指導する[10]。

(2) 片麻痺などの身体機能の低下

お互いが接触しやすいようにパートナー（男性）は女性（患者）の健側に寄り添い、性交時には男性上位（正常位）や側臥位など女性の体勢が安定するような体位と、必要に応じて枕やクッションなどによる体の支持・除圧を考慮する。また女性麻痺側の

上下肢に対しては、男性上位などでは男性が患側下肢を深い屈曲位に保持してあげるとか、膝下に枕やクッションを入れるなどして、性行為中に女性が痛みや不安を覚えることのないよう愛護的に扱うことが必要である。

(3) 脳血管障害による性機能低下の不安や自信喪失感

脳血管障害自体では性機能障害をきたすことはほとんどないことを指導する。

(4) うつ症状や糖尿病などの合併症

意欲の低下を招くうつ症状や、性機能障害や腟感染症の原因となる糖尿病、血管病変のために性器への血液流入低下をきたすことがある高コレステロール血症、性行為時に再発作の原因となりかねない高血圧症など、合併症に対しては薬剤などで日頃からコントロールしておくよう指導する。

(5) 薬剤の影響

勃起することが要求される男性に比べて女性の場合は薬剤の影響が表面化しにくいが、抗精神病薬、降圧剤、抗うつ薬、抗男性ホルモン薬、抗女性ホルモン薬などの薬物を服用している女性では、性機能障害を起こす可能性があるといわれている。現在服用している薬剤をチェックし、該当する薬剤がある場合には中止・減量を考慮する。

(6) パートナーの態度の変化

特に試験外泊前などに配偶者ともコミュニケーションをとり、前述したような性行為による脳卒中再発リスクへの不安を除き、性行為時における片麻痺など身体機能低下への対処法を指導しておく。

(7) 性交痛など更年期による性機能障害

市販の水溶性潤滑ゼリーを用いる。また更年期障害や閉経後の性機能障害に対して、より積極的に治療を望む場合には、婦人科を受診してエストロゲン（女性ホルモン）補充療法の適応を検討する。

● セクシュアリティカウンセリング

障害者に対する性生活の支援、すなわち sexual rehabilitation service は障害者に対する情報提供や助言を行うセクシュアリティカウンセリング（sexuality counseling）がその主要な業務となる。その形式は普段の会話からマン・ツー・マンのカウンセリング、グループ討議、多人数を対象とした講習会まで多岐にわたり、これを実践する医療者側の職種も医師、看護師、セラピスト、ソーシャルワーカー、心理学者などさまざまである。米国では患者と接する時間が長く、性の問題を相談できる関係を築きやすいリハビリテーション看護師やセラピストが関わる場合が多い。このカウンセリ

ングを実践するかしないかを決定している第一の要因は、障害者の性についての知識の有無であることが指摘されている[14]。

　筆者の施設では1996年に発足した多職種（医師、看護師、セラピスト）による「脊損性機能研究会」により、定期的な勉強会、患者・職員対象の講習会、職員向けテキストの発刊などの活動を継続している。患者へのカウンセリングとともにリハビリテーション医療に関わる職員が障害者の性についての知識を共有し、患者に相談を受けた時に正しい方向へアドバイスできるようにできればと考えている。

文献

1) Masters W, et al：Human sexual response. Little, Brown & Co., 1966
2) 小谷俊一：女性脊髄損傷患者の性機能．吉田　修（監），小柳知彦，大島伸一，村井　勝（編）：新図説泌尿器科学講座　第5巻．メジカルビュー社，pp328-332, 1999
3) Griffith ER, Trieschmann RB：Sexual functioning in women with spinal cord injury. *Arch Phys Med Rehabil* **56**：18-21, 1975
4) Sipski ML, Alexander CJ, Rosen RC：Orgasm in women with spinal cord injuries：a laboratory-based assessment. *Arch Phys Med Rehabil* **76**：1097-1102, 1995
5) Sipski ML, Alexander CJ, Rosen RC：Physiologic parameters associated with sexual arousal in women with incomplete spinal cord injuries. *Arch Phys Med Rehabil* **78**：305-313, 1997
6) 小谷俊一：性機能障害．脊損ヘルスケア編集委員会（編）：脊損ヘルスケア　基礎編．NPO法人日本せきずい基金，pp77-88, 2005
7) 野上雅子, 合田恵理子, 仙石　淳, 他：女性脊髄損傷者の性機能についてのアンケート調査. 日脊障医誌 **18**：240-241, 2005
8) 木元康介, 牛山武久, 小谷俊一, 他：男性, 女性脊髄損傷者の性機能障害に関するアンケート調査．脊椎脊髄 **16**：996-1004, 2003
9) Comarr AE, Vigue M：Sexual counseling among male and female patients with spinal cord and/or cauda equina injury. Part Ⅱ. Results of interview and neurological examinations of females. *Am J Phys Med* **57**：215-227, 1978
10) 川平和美：脳卒中患者の性機能障害．総合リハ **25**：1207-1212, 1997
11) Bray GP, De Frank RS, Wolfe TL：Sexual functioning in stroke survivors. *Arch Phys Med Rehabil* **62**：286-288, 1981
12) Monga TN, Lawson JS, Inglis J：Sexual dysfunction in stroke patients. *Arch Phys Med Rehabil* **67**：19-22, 1986
13) Sjögren K：Sexuality after stroke with hemiplegia. Ⅱ. With special regard to partnership adjustment and to fulfilment. *Scand J Rehabil Med* **15**：63-69, 1983
14) Conine TA, Evans JH：Sexual reactivation of chronically ill and disabled adults. *J Allied Health* **11**：261-270, 1982

第1章　②総合的分析と個別支援の現状　３．疾患別の性支援

（1）脳性麻痺

安井　宏（目白大学保健医療学部作業療法科，作業療法士）

● はじめに

　単純に脳性麻痺を一つの障害像で説明することは簡単ではない。麻痺・運動障害の質的な違いによって，痙直型（運動時に意思とは無関係に痙縮が出現し，筋緊張を高めてしまったり随意運動の妨げになる），アテトーゼ型（随意運動時や精神活動に伴い，コントロールが困難なくらいに筋の緊張状態が大きく変動する），失調型（小脳を中心とした運動調整機構がうまく働かず，素早く動いたり大きく重心を移動させることが難しい），低緊張型（筋の緊張が低く，持続的に姿勢を保持できない，脳性麻痺としては重篤な障害が多い）に分けて考えたり，その麻痺・運動障害の強さも軽度（痙性や麻痺が出現しても意思によってコントロールが可能），中等度（痙性や麻痺に支配されているが，随意性が保たれている），重度（痙性や麻痺により随意的な運動が困難）といった違いもある。

● 姿勢保持の問題

　「脳性麻痺」といっても人によってさまざまな障害があるため，日常の生活を送るなかでも本当に多くの問題が出てくる。その中でも筆者が考える「脳性麻痺」の共通した身体的問題点は，重力下での姿勢保持の難しさである。ここでいう姿勢保持とは同一姿勢を保ち続けるということではなく，四肢の運動，頭部の運動に対して姿勢（体幹）が正中を保ったり，重心を支持基底面の中に保ち続けたりできることをいう。脳性麻痺を持つ者にとっての姿勢保持困難な問題は，単純な筋力の問題だけではなく，体重がかかっているという感覚の感じにくさ，痙性や不随意運動，連合反応の出現，下部体幹の緊張を維持し続ける機能の問題がある。

　こういった姿勢保持の困難さを補うために，脳性麻痺を持つ者の多くは股関節を固定することで，骨盤や体幹の動きの方向や量を調節しようとする。具体的には大腿四頭筋，ハムストリングス，股関節内転筋群の緊張を高めて股関節を内転・内旋方向に

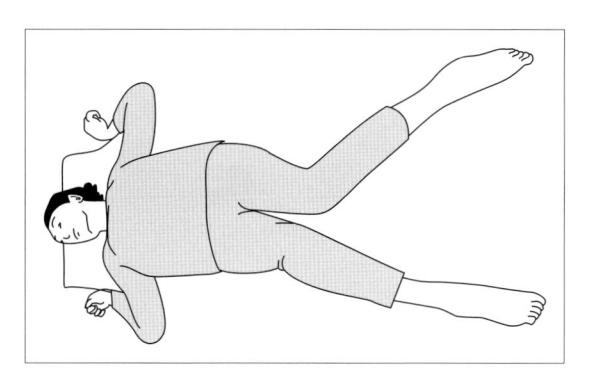

図1　股関節を内転・内旋した姿勢

固定するという戦略を多くの者がとる。

　股関節を内転・内旋（図1）していると、当然そのままでは外性器に触れることを困難としてしまう。したがって、できうる限り股関節周囲の過度な筋緊張を適切な状態に整えておく必要がある。しかし、前述の通り、姿勢を保持するために股関節の内転・内旋しているため、単純にこの緊張を緩めてしまうわけにもいかない。また精神的な興奮や意思とは関係なく筋緊張が高くなることを考えると以下のことが必要と思われる。

・筋緊張の変動を考慮したうえでの股関節の可動性の確保
・筋緊張が過度に高まっても許容できる姿勢の設定

1．筋緊張の適切化

　まず筋緊張が変動したうえでの股関節の可動性を確保するために、日常から股関節周囲の筋を適切な筋緊張でコントロールできるようにしておくことが課題となる。短縮してしまっている筋を自ら伸張することは困難であり、パートナーの援助が必要となるが、単純に引き延ばせばよいわけではない。生活環境の違いによって、日常での姿勢は人それぞれ異なる。当然、短縮・拘縮している筋、筋緊張の強さや質も違う。性活動を行ううえでの必要な伸張の仕方、どのように筋緊張の適切化を図るかを、個々に理学療法士や作業療法士に相談し指導を受けることを強く勧めたい。

2．姿勢の設定

　性活動中に筋緊張が過度に高まった状況で、それを許容する姿勢の設定について述べたい。脳性麻痺を持つ者が女性の場合、女性が背臥位で女性の両足を男性が抱える形で性器結合を行うことも考えられるが、活動の最中に正常位になろうと股関節を外転させることで、股関節に思わぬ負担をかけてしまうこともあり得る。そうならないために、女性が腹臥位にて胸、腹部にクッションや枕、丸めた毛布やタオルを入れ、

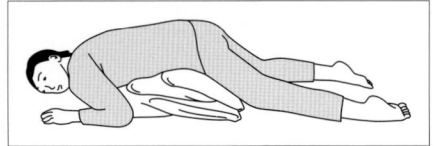

図2　四つ這い位

図3　背臥位で女性上位
膝の下にクッション

図4　股関節への負担が少ない体位①
枕をはさむことで安定した姿勢が保持できる

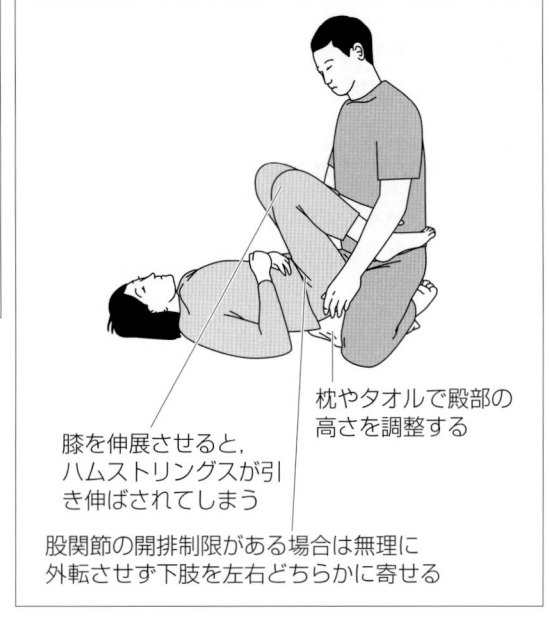

図5　股関節への負担が少ない体位②
枕やタオルで殿部の高さを調整する
膝を伸展させると，ハムストリングスが引き伸ばされてしまう
股関節の開排制限がある場合は無理に外転させず下肢を左右どちらかに寄せる

　四つ這い位の姿勢（図2）をとることで、股関節の無理な外転方向を避けて性器結合することが可能である。この方法が、股関節への負担が少ない最善の方法と考える。互いの表情を確認し合うといった面での難しさはあるが、性器挿入を目的とする場合は筋緊張の変動による股関節のトラブルは比較的解消される。

　男性が脳性麻痺を持つ者であれば、背臥位にて女性上位にて性交渉を持つことで負担が軽減される（図3）。膝の下にクッションを入れたり、腰の下に丸めたタオルを敷くことで、ベッドと体の隙間を埋める。こうすることで女性の体重がかかっても膝や股関節、腰への負荷が軽減できる。ただ、女性は中腰の状態になりがちであり、やや負担は多くなる。

　その他にも股関節への負担が少ないと考える体位をいくつか挙げておく（図4、5）。

ここに挙げた体位では、なかには互いが対面していない、屈辱的な肢位であると感じたりする方も多いと思われる。必ずしもこの体位でなければならないというわけではない。しかし、股関節への負担を多くすることで脱臼してしまうというリスクを念頭に置いておく必要がある。

● おわりに

　本書は身体障害者をテーマとしているが、脳性麻痺を持つ者は知的障害を抱えていることも少なくない。もちろん、知的障害があるから性的欲求を持ってはならないとか、性行為をしてはならないということではない。対象者が性行為の延長に妊娠、出産をきちんと理解できているかどうか、そのための避妊方法や手段、また生活設計の知識、理解を持つことが課題となる。

第1章 総合的分析と個別支援の現状　3．疾患別の性支援

（2）脊髄損傷

野上雅子（兵庫県社会福祉事業団立雲の郷，作業療法士）

● はじめに

　脊髄損傷を呈すると、男性は勃起や射精などの性機能が主に神経のコントロールを受けるために、性行為自体が障害されやすくなる。女性では、生理や排卵は内分泌のコントロールを受けるために障害を受けにくく、また性行為自体が受け身であるために妊娠も可能である。しかし、性機能障害以外に陰部知覚（性感や快感）の低下、オルガズムの消失といった感覚障害、運動麻痺や関節可動域制限、痙性による体位困難、また性行為中の失禁などへの心理的ストレスから、男女ともに肉体的にも精神的にも満足のいく性行為を行えるわけではない。

　兵庫県立総合リハビリテーションセンター中央病院では、脊髄損傷者への性機能障害に対する支援を積極的に行っている。2003年に行ったアンケート結果の一部を紹介し、脊髄損傷者の性に関する意識や実態、性行為支援について述べたいと思う。

1．受傷後の性行為

　前述したアンケート結果では、脊髄損傷者の約半数の方は受傷後に性交渉の経験があった（図1）。しかし、その性行為の結果では、うまくできなかったと感じている方が多くみられた（図2）。

　性行為に関しては、①体位・姿勢変換方法、②挿入しやすい体位、③脊髄損傷者同士の性行為の方法、④持久力をつける方法、⑤快楽を得る方法、⑥パートナーに対する接し方、⑦パートナーを満足させる方法、⑧オーラルセックスの方法、⑨有用な器具など、さまざまな悩みと支援を必要としていた。

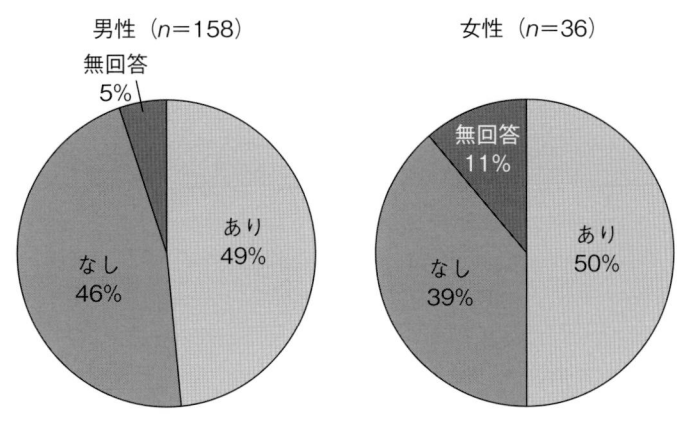

図1　受傷後の性行為経験

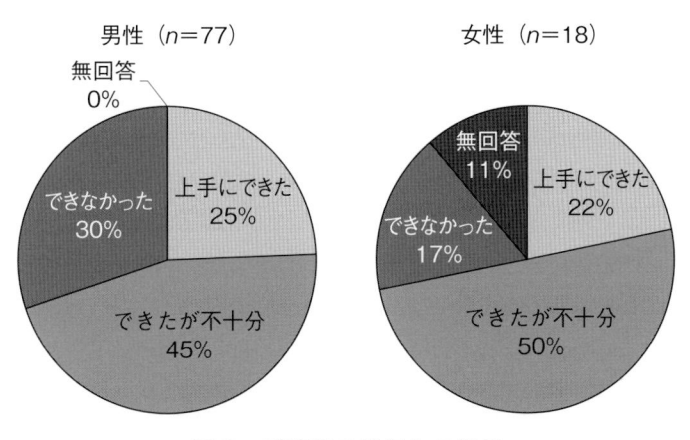

図2　受傷後の性行為の結果

2．性行為への支援

(1) 体位の工夫

　性行為は、姿勢変換～姿勢保持～体幹・骨盤帯の運動の組み合わせである。そのため、臥位や座位姿勢が安定して保持できること、寝返りや起き上がりの姿勢変換がスムーズに行えること、体幹・骨盤帯の選択的な運動や閉鎖的運動連鎖などを利用した代償的な運動ができることによって、そのパターンは広がるといえる。

　一般的に、四肢・体幹に麻痺のある脊髄損傷者の場合、仰臥位での性行為（男性脊髄損傷者の場合は女性上位、女性脊髄損傷者の場合は正常位）が行いやすいといわれている。アンケート調査でも同様の結果であった（図3）。これは、仰臥位であり姿勢の安定が得られやすいこと、上になる人が動きやすいこと、下になる脊髄損傷者のエネルギー消費が少ない体位であることが理由に挙げられる。しかし，より豊かな性生

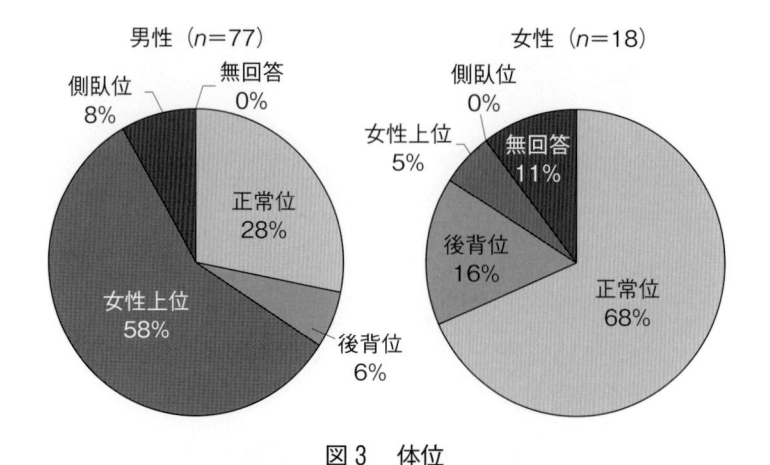

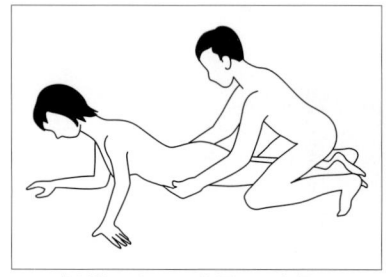

男性（n=77）
- 側臥位 8%
- 無回答 0%
- 正常位 28%
- 後背位 6%
- 女性上位 58%

女性（n=18）
- 側臥位 0%
- 女性上位 5%
- 無回答 11%
- 後背位 16%
- 正常位 68%

図3　体位

Th（男性）：足元に位置し、女性の下肢が尾側に動かないように下肢で固定する。骨盤を保持し引き上げていく。
Pt（女性）：腹臥位からThの誘導に合わせて体を持ちあげていく。On handにて肘関節をロックし、四つ這い位を保持する。

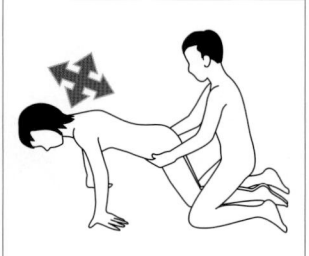

Th：肘のロックがはずれて転倒しないようにコントロールする。
Pt：肘関節をロックした状態で、前後方、側方へ重心を移動させる。
※段階づけ：重心移動範囲・Thの介助量など。

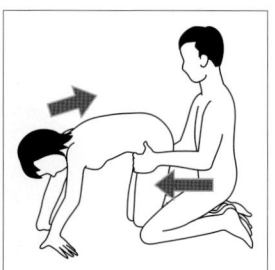

Th：前方方向に抵抗をかける。
Pt：肘関節をロックした状態で抵抗に抗する。
※段階づけ：運動スピード・抵抗の負荷量など。

図4　四つ這い位練習

活のためには、様々なバリエーションで楽しみたいという意見も聞かれる。支援者は機能訓練の過程で、安定して保持できる姿勢のバリエーションを増やすこと、姿勢変換の動作能力を向上させること、体幹・骨盤帯の動きを引き出すことなどに取り組む必要がある。その一例として、作業療法場面での練習にて、四つ這い位での性行為が可能になった女性頸髄損傷者(C6B1，完全麻痺)に対する練習方法を紹介する（図4）。

　性行為はパートナーとの共同作業である。したがって、一人で姿勢の保持・変換ができなくても、パートナーの動きや介助を利用して姿勢変換を行うこともできる。一例として、男女ともに頸髄損傷である場合での女性上位、正常位を行う方法を紹介する（図5）。残存機能だけでなく自分の体型、さらには相手の身体能力・体型によっても可能な体位は変わる。パートナーとともに体位を工夫していただきたいと思う。

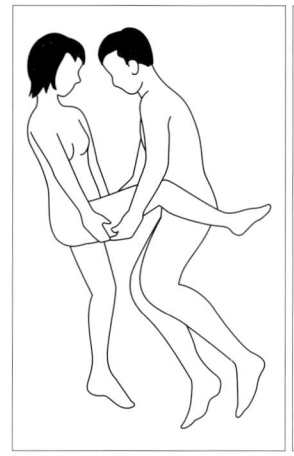

女性と男性は対面側臥位。男性は女性の下肢を抱えて男性の大腿部上にのせる。

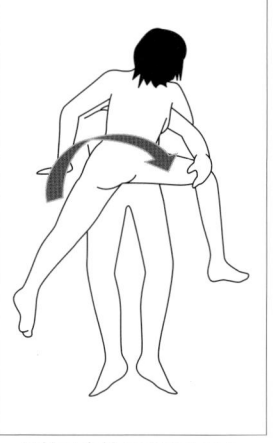

男性は女性の下肢を抱えたまま、お互いの動きや体重を利用して回転しながら挿入。回転方向を変えることによって、正常位、女性上位が可能。

図5　パートナーと協力しての姿勢変換

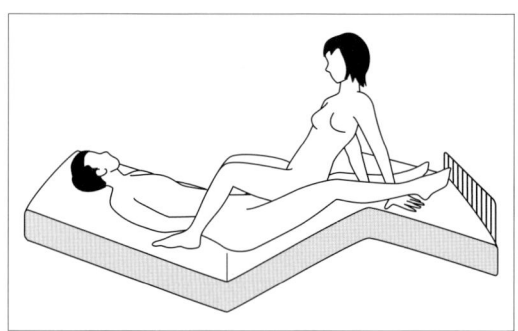

男性：仰臥位またはファーラー肢位にて下肢を開排する。
女性：男性と向き合い、男性の大腿間に座る。脚部ギャッチの関節部付近に手掌を接地する。

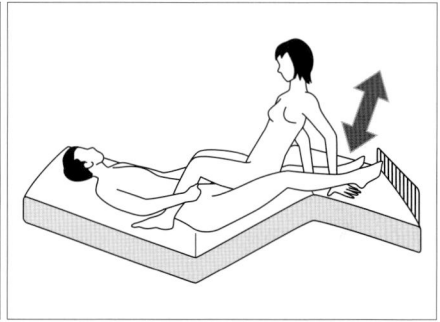

女性：脚部の傾斜を利用しながら push up を行い、挿入後の運動を行う。
男性：下肢や骨盤を支持し、補助する。

図6　3モーター電動ギャッチベッドの利用

(2) 環境面の工夫

①電動ギャッチベッドの利用

電動ギャッチベッドの利用は、姿勢保持や体位変換を行うのに有効である。背部のギャッチアップによって、座位(背面座位や対面座位)での性行為が可能である。また3モーターの電動ギャッチベッドを利用し、下肢・体幹機能障害がある女性頸髄損傷者が、女性上位の体位で行うことも可能な場合がある(図6)。両者ともに姿勢変換が困難な高位頸髄損傷者が天井走行リフターを利用して行われている例もある(図7)。

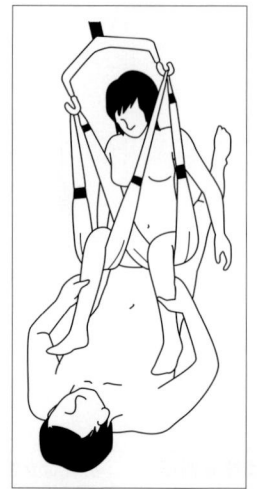

女性：リフターにて体を吊る。吊り具はベルトタイプを使用し、下肢は一肢ずつ吊る。リフターを下ろしながら挿入。
男性：仰臥位またはファーラー肢位。挿入後の運動は、パートナーの骨盤や下肢を支持した上肢による屈伸運動で行う。

図7　天井走行リフターの利用

ベッドマットレスはやわらかいものを選択することで、摩擦による皮膚トラブルを防ぐだけでなく、陰茎を挿入した後の運動で振動をうまく利用できる場合もある。また性行為がスムーズにできるようなベッド幅の選択や、性生活を阻害しないためのパートナーのベッドの配置も重要である。

②クッションの利用

枕やクッション、ポジショニングピローを姿勢の保持や皮膚保護の除圧のために使用することがある。また腰部、腹部の下に入れて骨盤を前傾・後傾させた肢位をとることで陰茎を挿入しやすくする工夫も有効である。より挿入角度を調整しやすいように開発されたセックスピローとして、1,000円以下のエアクッションや10,000円程度の高性能ウレタンなどが販売されている。

③車いすでの性行為

車いすはうまく体を支持するために利用でき、座位での性行為（背面座位、対面座位）が可能となる（図8）。

(3) 性行為補助具の使用

勃起障害や上肢機能障害を補うために、補助具として「大人のおもちゃ」や「アダルトグッズ」と呼ばれているものが活用できる。パートナーの理解・協力が得られれば、有効な道具となり得る。

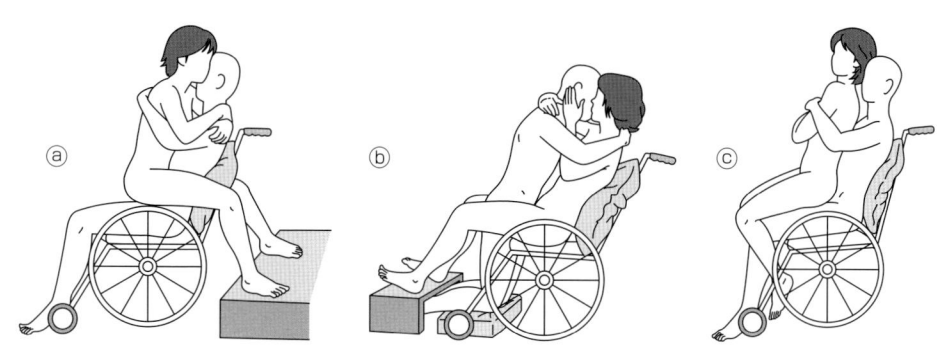

図8 体位の工夫
(神奈川リハビリテーション病院看護部脊髄損傷者看護編集委員会(編):脊髄損傷の看護—セルフケアへの援助.医学書院,p82,2003)

①ペニスサポーター

　勃起障害に対しては、PDE5阻害薬(バイアグラ®など)の服用が第一選択となっているが、陰茎外側にデバイス(以下、ペニスサポーター)を装着することも有効である。陰茎にかぶせるものや巻きつけるものなど、様々なタイプがある。ベルトで腰に固定する張り型タイプものは材質もよく、かたさも選ぶことができる。ペニスサポーターを装着した後、穴をあけたスパッツを上からはくと固定しやすくなる。

②バイブレーター

　上肢機能障害によって、愛撫やマスターベーションがうまくできない場合、バイブレーターが有効となる。バイブレーターは、上肢機能に合わせて把持しやすく安定して操作しやすいものを選択する。バイブレーターの把持が困難な場合、カフを取りつける改良を作業療法士が行う。

(4) 心理的サポート

　受傷後の性行為が可能であっても、肉体的な快感、精神的な満足は低下する(図9)。これは、陰部知覚の消失との関連があるが、自分自身の満足だけでなく、パートナーを満足させられないという喪失感も伴う。このような自信喪失や意欲・性欲の低下などの精神的な問題は、性行為における深刻な障害となっている。

　またパートナーも当事者と同様に、性行為ができるのか？　と不安を抱くことも多い。特に女性脊髄損傷者からはセックスレスについての相談が多く聞かれ、パートナーは麻痺した下肢をどう動かしたらよいかわからない、骨折しないか心配などと言われることがある。当事者だけでなく、パートナーに対する支援も重要である。

　自身の残存機能や性感帯を把握し、どのように活用すればよいかを考え、自身の障害について理解してもらえるよう、パートナーとお互いに協力し合う必要がある。そのために、支援者は正確な知識の提供、技術の伝達を行う。

図9　肉体的快感・精神的満足

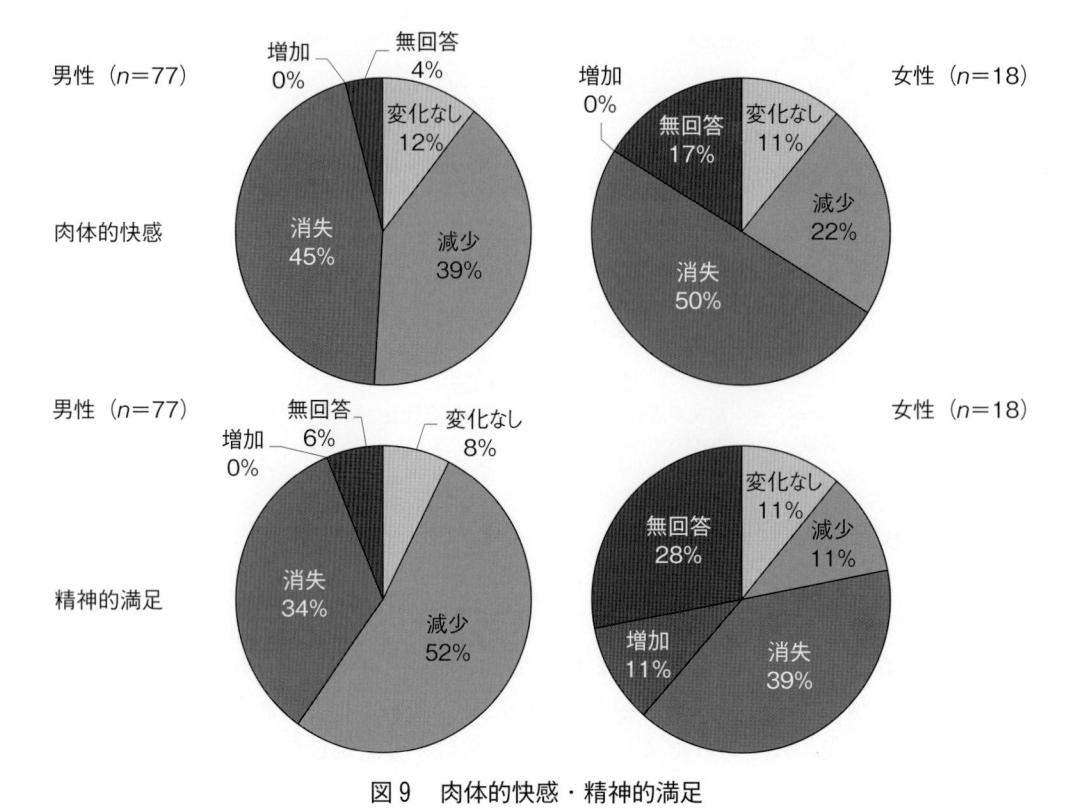

●おわりに

　残存機能だけでなく性別や年齢、社会的背景、価値観などにより、脊髄損傷者とそのパートナーが抱える性行為に対する悩みや困難性は多種多様であり、個別的な支援が不可欠である。しかしデリケートかつプライバシーな問題があるがゆえに確立されたアプローチが少ないのが現状である。支援者は正確で多様な知識と情報を持ち、当事者と共に問題を解決できるような環境・関係作りから進めていく必要がある。

参考文献
1) 神奈川県リハビリテーション病院看護部脊髄損傷看護編集委員会（編）：脊髄損傷の看護―セルフケアへの援助．医学書院，pp73-83，2003
2) Pedretti LW（編），宮前珠子，清水　一，山口　昇（監訳）：身体障害の作業療法 改訂第4版．協同医書出版社，pp303-321，1999
3) 岩坪暎二，小川隆敏，小谷俊一，他：背髄損傷者のための性と出産のガイドブック．三輪書店，1996
4) 泉キヨ子，野々村典子，石鍋圭子（編）：リハビリテーション看護とセクシュアリティ．医歯薬出版，2003
5) Hammond MC，他（編）：Yes, You Can！ 脊髄損傷者の自己管理ガイド．pp87-94，NPO法人日本せきずい基金，2002

第1章 ② 総合的分析と個別支援の現状　3．疾患別の性支援

(3) 筋ジストロフィー

田中栄一（国立病院機構八雲病院，作業療法士）

● はじめに

　筋ジストロフィーは、進行性に筋肉が壊れていく疾患である。臨床症状は遺伝様式で異なるが、男子に高い発症率で重篤な経過をたどるデュシェンヌ型筋ジストロフィー（以下、DMD）患者では、3歳頃からの歩行の異常などで気づかれ、平均10歳頃に歩行が消失し、呼吸循環不全により25歳以上の延命は困難であった。近年の非侵襲的陽圧換気療法（NPPV）や器械による咳介助、心保護治療などの医療の進歩は、こうしたDMD患者の生命を30歳代まで延長させ、大学進学や就労、もしくは結婚など、成人期における社会参加を検討課題にさせたが、重度な運動機能障害のため容易に解決できない問題が山積している。

　米国疾病管理予防センター（CDC）が作成を促進し、「デュシェンヌ型筋ジストロフィー（DMD）のベスト・プラクティス・ケアのガイドライン」が公表された[1]。ヨーロッパの神経筋疾患の患者会（TREAT-NMD）のホームページからも閲覧できる（http://www.treat-nmd.eu/care/dmd/diagnosis-management-DMD/）。患者・家族版も各国語訳された（http://www.treat-nmd.eu/care/dmd/family-guide-translations/）。診断後からの関連各科、多職種により、呼吸、心臓、栄養、消化管の問題、リハビリテーション（以下、リハビリ）、特に診断直後からの患者・家族の心理、発達、知的面での特有の問題を考慮した教育、心理学的介入、家族や社会のサポートなど、集学的ケアを要するとしている。性支援として特別示唆されている項目はなく、全体的な支援の中で、性についても一緒に考えていくという自然なスタンスに他ならない。

　ここでは、著者が関わる国立病院機構八雲病院障害者自立支援病棟（旧国立療養所筋萎縮症病棟）で長期療養または外来受診している筋ジストロフィー患者の性にまつわるエピソードから、作業療法の立場で性支援を考えてみる。

● フランスから導入した入院制度

　DMD を最初に報告したデュシェンヌ医師がいたフランスでは、DMD の治療効果を上げられないかと熱心な取り組みがなされてきた。1960年代のフランスでは、幼少期からリハビリと学校教育を長期入院で行う制度を導入した。その方法を導入したのが、本邦やフランスの近隣のヨーロッパの国々である。フランスでは、1980年代に気管切開をせずとも非侵襲的陽圧換気療法により延命できることがわかってから、筋ジストロフィーの専門医療システムを整えた。専門医療と必要時の長期入院の拠点（ポート）を確保し、在宅における QOL と生命の改善を図ったのである。1990年代には、筋ジストロフィーの在宅専門ケアシステムを活用して、多くの患者が在宅療養を選択するようになった。グループホームも患者らが利用しやすい形態である。

　社会・経済的な事情により退院できず、長期療養していることはネガティブに捉えられがちであるが、延命に伴い、現在でもベルギーやスイスなどで進行した DMD 患者のための専門療養施設は活用されている。

　本邦では、フランスのような、積極的な筋ジストロフィーのための在宅専門ケアシステム作りとまではいかないまでも、地域医療の充実や特別支援教育の導入などにより、地域の学校に進学し卒業後も自宅で過ごす DMD 患者が増えている。QOL と生命の維持を図る在宅専門医療システムの整備は、世界的にもそれほど簡単なことではないが、長期療養病棟の経験を生かした次の時代の筋ジストロフィーのよりよい療養のあり方を模索していくことが重要である。

● タブー

　筋ジストロフィーの長期療養病棟では、日常会話で話題になりにくい「性と死のタブー」がある。

　死についてのタブーを思わせるのは、昨日まで隣のベッドにいた友人が重症個室へ移動し、しばらくすると死亡退院になる時である。その際、学校の先生も、病棟スタッフも、また友達同士でさえ、その隣人の名前を口に出すことをはばかるようになる。

　性に関しても同様で、病気や運動機能低下を持たない思春期や青年期の男性に比べると、その話題に触れにくい空気が漂っている。しかし、死と同じく、表面上では見えないように感じていても、生活の中で性への関心は確かに存在している。

● 異性への興味

　長期療養の病棟では、看護学生の実習が始まると、どこかそわそわと落ちつかない雰囲気になる。「担当にならないかな…」車いすで廊下をうろつく患者があらわれる。まるで、男子校に女子の転校生がきたかのような騒ぎだ。

　患者らの異性への興味は、身近な看護師へ向けられることが少なくない。車いすか

らベッドへは、抱っこで移乗することになるが、この際、頭をしっかりもたれかけて看護師にスキンシップしている姿を見かける。年上の入所者B氏に聞いてみると「こうして、みんな思春期を迎えるんだよ」と。

● 発達

　DMDの患者らは、身体の成長と衰えを同時に経験していく。また知的発達面、心理面でも問題を抱えていることが、最近次々と報告されてきている。米国では、思春期の知的発達の遅れのある筋ジストロフィー男児と、訪問介護の女性が性行為をしていたと母親が訴えて、勝訴したケースもあるという。

　学校に通うために入院してきた高校1年のC君は、ある朝、病棟の看護師長に相談した。「あのー、僕病気かな？」「どうしたの？」「あのね、女の人の胸が気になってしかたがないんだ、胸が辛くなるんだ」「大丈夫。病気じゃないよ。でもそんなに気になるなら、私の胸は？」「いや…」と、顔を赤らめ、ほっと安心したC君。

　自分にも予期せぬ変化がたびたび起こるDMDでは、ささいなことでも患者らは慎重になっている。「興味はあるけど…、心臓に負担がかかるから遠慮する」と、性行為と心不全の悪化を重ね合わせる18歳になるB君。彼は高校2年生の時、心不全の治療のため数カ月ほど学校を休んでいた。進行性疾患の患者らにとって、自らの身体は思い通りにならない連続であり、性に対しても機能障害に規定されている面が大きいと感じられる。

● 恋愛

　外出が頻繁にはできない環境であっても、インターネットの普及で出会いの機会は格段に増えた。中には恋愛継続中の人もいる。しかし、ただ好きだけでいられない状況もあるようだ。

　F氏は彼女とデートしたいと家族に援助を申し出た。しかし、「相手に迷惑がかかることになるから、ちゃんと考えなさい」「もし、付き合うのであれば、親子の縁を切る」とまで言われ、泣く泣く別れたエピソードを紹介してくれた。当事者同士のことだから、親が口をはさむのもどうかと思うが、家族にしてみれば、そのままにしておけない心情もあるようだ。

　理由の一つには、両親が遺伝子疾患であることを、とても気にしている場合がある。恋愛が順調に育まれ、結婚に発展する場合、生まれてくる子どもに遺伝子が伝わることを、本人とパートナーだけでなく、その両親も気にする。このような場合、本人もパートナーもその両親も、むやみに遺伝を気にかけるだけでなく、臨床遺伝専門医にきちんと遺伝相談をすることが勧められる。遺伝に関する正しい知識を共有し、適切な判断をすることが大切である。

　またケアの問題で、「好きな人と一緒にいたい」という当たり前のことが難しいこと

もある。

ある恋愛のエピソードを聞いた。

「それは19歳くらいの出来事。相手はノーマルな人。学生だった。自分は人工呼吸器をつけているので、一緒に泊まりがけの旅行は何かあったら困るからだめと親に言われた。しかし、数時間のデートなら公認だった。別れたのは相手が忙しそうだったから」「行為自体に興味があったのも事実だが、手を握る、キスをする、お互いに身体を重ねるのは自然な流れだった」「ただ、わかり合いたかった。それだけだったと思う」「別れた時はショックだった。やはり自分が病気だからかとネガティブになった自分がいた」

失敗談ばかりではない。結婚して子どもを持ち、仕事をしながら家庭を築いている筋ジストロフィー患者もいる。

2004年にスイスで出版されたドイツ語のDMDの教科書（スイス、ドイツ、ベルギーなどで使用されている）では、「母親がいろいろ気遣って、DMDの息子に近づく女性を遠ざけようとしてはいけない。むしろ、延命していくDMD患者と将来にわたり生活していくパートナーを得る機会を積極的に促すべきである」と書かれている。

● パートナーにめぐり合っていない場合

パートナーにめぐり合っていない男子が多い筋ジストロフィー患者への性支援として、行き当たる問題の一つがマスターベーションへのサポートであろう。しかし実際は「そのための道具を作ろうか？」と持ちかけても、恥ずかしがり苦笑される。介助者に"特別そのために作った道具"をセッティングしてもらうことには抵抗があると言う。しかし、手が届きにくいところに"孫の手"を使うことはあるらしい。

手の位置を自分ではうまく移動できなくなってからのマスターベーションは、介助で手をずらしてもらえば、指先の10グラムほどの力によって可能である。介助者には、下着につかないようにティッシュや尿器を置いてもらう。目的を何も告げずに尿器をあててもらった場合には、介助者が排尿と思い、尿の色を観察し気まずいこともあるという。両親と在宅生活をしている筋ジストロフィーの一人は、母に説明して手を下腹部まで移動してもらうという。

欧米では、四肢運動機能低下のある患者が、性行為の介助を依頼するシステムがある地域もある。しかし、日本ではそのようなシステムはなく、長期療養病棟では排泄ケアの清拭で自分の欲求を満たそうとしたりする場面もある。

遺伝性疾患であるため、兄弟でベッドを並べ入院していることもある。ある時、兄のベッドに、孫の手とバスマットを半分に切ったものが置いてあった。弟と兄のお互いのプライバシーのために、看護師さんがバスマットの仕切りを作ってくれたという。周囲の性に対する理解が支えになっている。

● 触ってみる感覚

　E氏と、わずかな指の動きに合わせたスイッチ適合をしていると、"夜の街"（キャバクラらしい）へ行ってきた話を聞かせてくれた。「女の人が、僕の手を持って、胸の上に置いてくれた」「触るとやわらかかった」と言う。運動機能障害が進行していく患者らにとって、身体的な接触はますます困難になり、聴覚と視覚のイメージで世界を構築していきがちである。このような場所に行くことをすすめるというわけではないが、"触ってみる"という感覚が心に深く突き刺さるような感覚であることを、あらためてこうしたエピソードから感じさせられる。

● 作業療法の性支援

　筋ジストロフィーの作業療法で気づくのが、自尊感情・自己効力感の低さだ。筋力低下による度重なる能力喪失で機能障害を強く意識することが原因とも考えられるが、学校（高校、大学、大学院）卒業後、誰と、どこで何をするという、役割不在の状況が自己喪失に拍車をかけている。これは決して本邦だけの問題ではない。彼らは「認められたい・愛されたい。でも自分の価値はそれに値するのか？」と葛藤し、自信のなさを口にする。

　作業療法における支援は、性活動においても性行為だけを単独に語ることはできない。変形や拘縮、呼吸管理などの身体ケアや支援機器などをはじめとする作業活動への環境調整。そして、決して排除されることはなく、自分のよさを発揮でき、自己肯定できるコミュニティへの参加。それらが一つでも欠けずに行われていく必要があり、性活動への支援もこの流れにあるように思われる。性活動は、見えないようでも、そこに存在し、かつ積極的に切り出してサポートするものではない。特別でない日常なのだと、患者らとのかかわりで感じることである。

文献

1) Bushby K, Finkel R, Birnkrant DJ, et al：Diagnosis and management of Duchenne muscular dystrophy, part 2：implementation of multidisciplinary care. *Lancet Neurol* **9**：177-189, 2009

第1章　② 総合的分析と個別支援の現状　3．疾患別の性支援

（4）片麻痺

玉垣　努（神奈川県立保健福祉大学，作業療法士）

● はじめに

　脳血管障害による片麻痺者は発症数が多く，その際の特に男性の性機能障害が多く認められている[1]。特に勃起障害（ED）や射精障害の問題は深刻である。しかし，一番深刻なのは発症後の性機能障害に対して，当人および配偶者が積極的でないことが特徴であろう[2]。これは，片麻痺者の発症年齢が中高年に多く，健常者においても性活動そのものが低下している時期であること。加えて，非常にデリケートな問題であり医療機関はもとより身近な人にも相談しにくい内容であり，日本人特有の恥の文化も影響しているものと思われる。また，再発症のリスクのため激しい運動やバイアグラ®などのED薬の利用に恐怖心を持っている場合もみられる。これらに対し，正しい知識や情報と医療的サポートが不可欠と思われる。
　今回，片麻痺者は多様な症状であるため一概には言えないが，いくつかの事例とともに概観し，リハビリテーション（以下，リハビリ）の視点より可能な支援を考えていきたい。

● 片麻痺者の性機能障害

　具体的な性機能障害として，勃起障害（ED），射精障害，性的満足（オルガズム）の低下などがみられるが，疾患の特徴として高血圧や感覚・運動の麻痺による体位の制限が起こる。正しい情報が得られない場合，結果として生活の中での性生活の占める割合が低下し，性欲の減退が起こりやすくなる。
　川平ら[3]の研究では，脳卒中前まで性行為のあった137名（男子110名：54±11歳，女子27名：55±8歳）を対象に検討している。脳卒中前後の男子患者の性機能を比較すると，性欲の回復は全体の76％に認められ，若年ほど回復がよく，脳卒中後に性交の回復したものは全体の62％で年齢の影響が大きく，射精，オルガズムも同様であった。性欲と性交回復の時期は3～4カ月が多く，若年ほど早い傾向があった。身体障

害と性交回復の関連では、ADLが自立している方に性交回復が良かった。女性では性欲の回復が20％前後と高くないが、性交の回復は全体の60％で、若いほど回復はよかった。ただ、オルガズム障害が強く、夫主導型の性交回復がうかがわれる。

　もともと、勃起不全は高血圧に起因することが知られており、勃起障害に関しては血圧コントロールが可能になった回復期においては、勃起自体の回復も見込まれるものと思われる。発症後3～4カ月というのは、感覚や運動麻痺の回復とも同期しており、性機能に関してもゴールデンタイムといえよう。興味深いことは、性交回復とADLに相関が高かったことである。性交の過程をみてみると、歩行や車いすなどによる移動、移乗動作、自分の衣服はもちろん相手に対する更衣動作などのADLに加え、寝返りやうつ伏せでのオンハンド、もしくはオンエルボーでの姿勢保持および運動、四つ這いや膝立ちなどが必要となる。加えて、精神的にも介助が多い場合、配偶者に対して性交を要求しづらく、ADLの自立が介助してもらっているという引け目に対する自信の回復となる。

　そういう意味では、これらの基本動作訓練やADL訓練はリハビリスタッフが性機能障害に寄与できる重要な支援と思われる。正しい知識としては、脳損傷が性機能障害の原因になることは少ないこと、性活動が再発作や心臓への負担、麻痺の悪化を招くことはないこと（ただし、高血圧の治療は重要）が挙げられる。痙性や共同運動、連合反応はさまざまな姿勢変換を検討し、できるだけリラックスできる体位やクッションなどを工夫することで、性活動が容易になる。またED薬は血圧を下げるため、降圧薬を服用していたり心疾患がある場合は、必ず医師に相談することが重要である。

　これはトピックであるが、心臓などに持病がある人が、バイアグラ®（シルデナフィルクエン酸塩）を飲むと心筋梗塞などを起こすといわれているが、米国で行われた研究で、シルデナフィルを服用した後に運動をしても、薬を飲まなかった時と心臓の動きなどは変わらないことがわかった。「普通の運動と性的な運動とで、心臓に与える影響が違う可能性もある」とThe Journal of the American Medical Association (JAMA)[4]に掲載された。研究グループは、運動（自転車こぎ）をさせて心電図や心臓の動きを調べる検査でも、シルデナフィル群とプラセボ群との間に優位な差がなかったことより、「シルデナフィル群は運動をしても、心臓の機能に与える影響は、プラセボ群と変わらない」と結論した。心筋梗塞などを起こすリスクは、セックスをするだけで2.5倍高くなるとのデータを紹介し、「性的な運動と単純な運動との違い」を検証し、性活動が身体面だけでなく精神面に影響が強い活動であることを証明している。

　薬物利用による性活動は問題なく、性活動そのものも非常にQOL（生活の質）を高め有意義な活動ではあるが、背景にリスクがあることもやはり指導が必要であろう。ただし、ポジティブに考えると、きちんと血圧や心疾患の治療が行われていれば、リスク面でいえば健常者と同等であり、むしろ潜在的リスクを抱えて治療していない人よりもリスクは低いものと思われる。

● 事例を通した支援

　片麻痺者の場合、多くの場合、あきらめたり、もしくは自身の工夫で対応していることが多く、なかなか作業療法士に相談することはない。長い臨床経験の中でも、残念ながら性活動に関して具体的指導は非常に少ないのが実情といえる。やはり、急性期や回復期では、ここまでの要求はないのであるが、更生施設などでは、ラポール（信頼関係）がとれてくると性活動に関して相談されることもある。今まで経験の中から数例を提示したい。

1．右片麻痺（既婚）男性の事例

　45歳、右片麻痺（Brunnstrom stage：上肢・手指Ⅲ、下肢Ⅳ）の男性。高次脳障害はみられず、右上肢は肘、手首の屈曲痙性が強く、肩関節に若干の痛みを伴う関節制限がみられた。日常生活活動は、下肢装具とT杖にて歩行可能で全般的にほぼ自立しており、就労目的の施設入所で3カ月後の退所が決定していた。相談内容としては、以下のようであった。

　休日の帰宅訓練時に性活動に挑戦したが、配偶者は「こんな体になってなぜ」と性的要求がなく、本人自身も再発の恐怖心に加え、上肢で支えることができず正常位が困難と考え、無理に実行できなかったとのことであった。対応としては、リスク管理や配偶者との話し合いなどの重要性はもちろんのこと、女性上位での実施のほうが容易なこと、腰の下にクッションを敷くことをすすめた。加えて、作業療法士として動作訓練的アプローチを実施した。肘、手関節の屈曲痙性はある程度軽減できるが、完全な伸展、背屈は困難なので、オンハンドでの四つ這いは難しく、オンエルボーでのうつ伏せの訓練を実施した。

　はじめは、胸下に大き目のクッションを敷き、肩にかかる荷重を軽減することから始めた（図1）。上半身を安定して下半身の上下運動を行うことができず、背筋群の緊張が強いため全身的活動になっていた。寝返りもブリッジ活動にて背筋優位であったため、腹部に力が入るような誘導を行い、背筋群の緊張の軽減を試みた。加えて、最初に上半身を安定させたうえで、腰下に40cmのフィジオロールを縦方向に入れ、殿部を左右に振る訓練を実施した。

　下半身の分離運動ができるようになると、フィジオロールを横方向に入れ、前後に

図1　肘付きの四つ這い姿勢で腰の左右運動

図2　腰の上下運動練習の初期段階

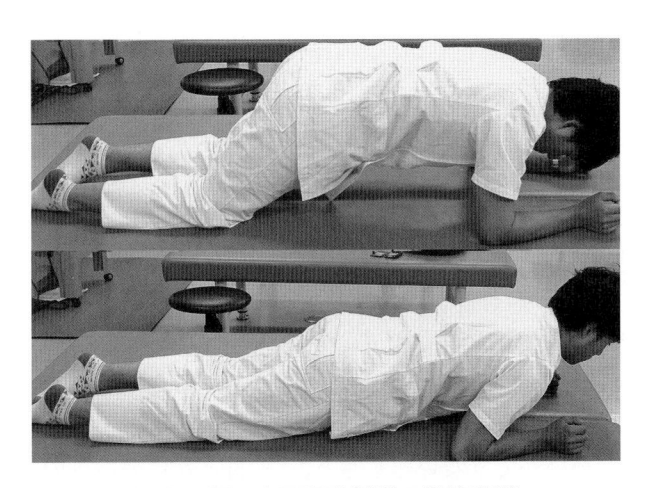

図3　腰の上下運動練習の最終段階

転がすように指示して骨盤の屈伸の要素を取り入れた（図2）。腹部筋が優位に働くようになると、徐々にクッションやフィジオロールを除き、オンエルボーでの四つ這いでの下半身の分離運動が可能となってきた（図3）。

結果的には、家庭復帰直前の帰宅訓練時に射精まではいかないまでも、なんとか性活動が可能であったとの報告と感謝の言葉を受けた。おそらく訓練の効果が重要ではなく、話し合いと正常位ができるという自信の回復が大きな要因と考えている。

2．右片麻痺（既婚）女性の事例

28歳主婦、脳動静脈奇形による脳出血による右片麻痺（Brunnstrom stage：上肢・手指Ⅲ、下肢Ⅲ）である。重度の失語症があり、屋内では下肢装具とT杖で歩行可能であるが、外出は車いすでの移動であった。発症後10カ月で、言語訓練や家事活動の

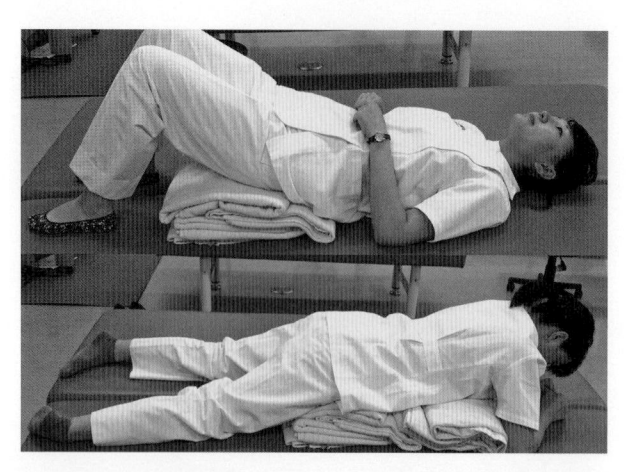

図4　女性障害者のバスタオル利用での姿勢保持

自立を目的に更生施設に入所していた。子どもはまだおらず、配偶者からの相談が主であった。

　夫は入所当初は仕事を休み、かいがいしく訪問され、訓練室にも、たびたび付き添ってこられていた。本人は重度の失語症があるため十分なコミュニケーションがとれず、訓練中、涙することもよくあった。筆者はニーズが十分に把握できず、機能訓練を含めたADL訓練を中心にプログラムを組み立てていた。そんな折、夫が一人で訓練室を訪ねてこられ、年齢も近かったせいだろうか、性活動の可否について相談を受けた。リスク面の説明と、正常位で腰下にクッションを敷けば可能であること（図4）、血圧コントロールはできているので可能であることを伝えた。

　帰宅訓練後、もう一度夫と話をした時、ものすごい形相で拒否されたことをうかがった[5]。夫婦間の話し合いができない難しさと、"障害と女性の性への関係性"について未熟なため配慮できず、機能面からみて、安易に可能であることを伝えてしまったことに後悔せざるを得なかった。このことだけが原因とは限らないが、後に付き添いでこられるのは母親となり、離婚の知らせを受けることとなり、家庭復帰先が実家になった。

● おわりに

　脳血管障害による片麻痺の人の性活動は、基本的に身体機能的にまったく不可能にはならないが、種々の理由で困難を呈している。例えば、麻痺や症状の重症化や再発のリスクや心臓への負担などの身体機能面がある。加えて、特に女性にみられるような障害を持って、性活動を行うことの不徳感（ここまで述べてよいかは疑問）を含めた精神的問題。地域社会を含めた日本文化における障害者や高齢者の性活動の認知などの潜在的な社会的問題。

　ただちに変わることはないであろうが、われわれの立場からすると、身体機能的問

題に関しては、片麻痺を持つ人々に正しい情報を素早く正確に伝える必要がある。そのためには、個人的コミュニケーションに依存するのではなく、気軽に相談できる部門の設定も急務と思われる。

文献

1) 川平和美, 田中信行, 竹迫賢一, 他:脳卒中患者における性機能回復と身体的要因の影響について. リハ医学 22:250-251, 1985
2) 林 菊若, 飯山準一, 川平和美, 他:脳卒中患者の性機能障害についてのアンケート調査およびクエン酸シルデナフィル治療効果について. リハ医学 39:S212, 2002
3) 川平和美:障害者の性機能. 理学療法学 15:483-491, 1988
4) Arruda-Olson AM, Mahoney DW, Nehra A, et al:Cardiovascular effects of sildenafil during exercise in men with known or probable coronary artery disease:a randomized crossover trial. *JAMA* 287:719-725, 2002
5) 岡本五十雄, 堀口 信:脳卒中片麻痺患者の性の問題—配偶者との関連について. 総合リハ 14:599-603, 1986

第 1 章 ② 総合的分析と個別支援の現状　3．疾患別の性支援

(5) 四肢切断

松本琢麿（神奈川県総合リハビリテーションセンター，作業療法士）

● はじめに

　四肢切断者に具体的で直接的な性活動支援は実施していないものの，「パートナーに自信を持って会えるのはOT（作業療法士）のおかげである」という当事者からの言葉に後押しされて執筆を承諾した．症例との貴重な作業療法のひとときを振り返りながら，四肢切断者の性活動に対する間接的な活動支援を述べていきたい．
　症例がパートナーとの交際や性活動を行う場合，特に「相手に不愉快な気持ちを与えない」ことに配慮している．具体的には，「身だしなみを整えていること」「待ち合わせ場所に行けること」「連絡手段があること」「飲食や排尿ができること」など，可能な限りの日常生活の自立が基本となっている．そしてパートナーとの性活動には，「ベッドへの移乗動作」や「ベッド上の姿勢変換」などが必要であり，パートナーへの介助負担を減らすことがとても大切となる．
　また症例は長年，日常生活や社会参加を阻害するようなひどい肩こりや腰痛に悩まされていた．この二次障害を軽減するような「健康管理の方法」を見つけることが，症例の社会生活を継続していくうえで重要となり，まさにセラピストの技術が間接的に性活動を支援していることになる．症例の性活動の基本となる身の回り動作や移動動作，健康管理の方法をまとめることを通して，四肢切断者に対する専門職による性活動支援を考えていきたい．

● 症例紹介

　症例はバージャー病の50歳代男性であり，末梢血行障害による四肢極短断端切断（右上腕長6 cm，左上腕長10 cm，右大腿長2 cm，左大腿長3 cm）の身体状況である．10代後半で発症したあと，徐々に四肢末梢から疼痛や壊疽が起こり，数回にわたり切断手術が行われ，発症後15年を経て現在の切断状況となった．現在に至るまで義手や義足も検討したが，ソケットが接触する断端軟部組織に阻血状態が続くため義肢の

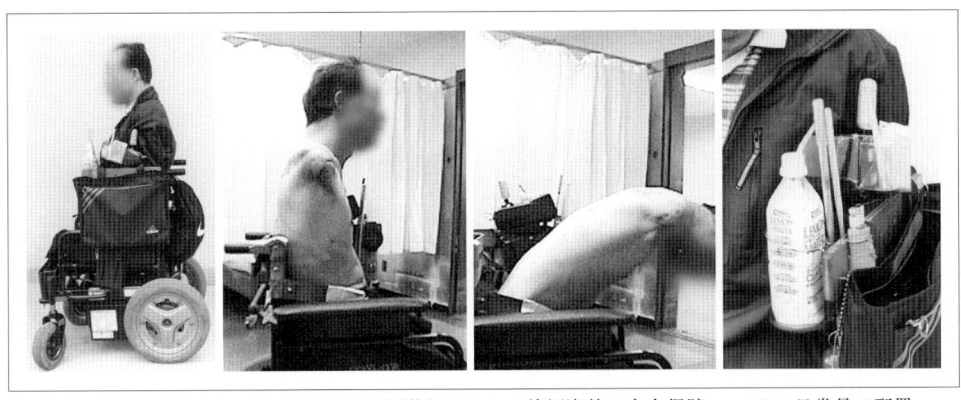

a：車いす全景　　b：腰ベルト設置状況　　c：前傾姿勢の安全保障　　d：日常品の配置

＊写真は本人の許可を得て使用しています

図1　電動車いす全景と部品装着状況

試用を中止した。40歳代後半、電動車いすでの外出とADL拡大の可能性を検討するため、当センター更生施設（以下、施設）に入所した。現在は自宅に戻って、当センター外来受診（2回/月）とデイサービス（2回/週）の社会資源を利用している。症例の結婚歴はなく未婚であるが、定期的にパートナーと待ち合わせをして、交際や性活動を行っている。

● 日常生活の活動支援

1．外出手段と排尿手段の獲得

　症例の外出は、人手がある時に介助用車いすで行っていたが、殿部座骨に痛みが生じたため1時間程度の乗車制限があった。そのため自由に屋外を動き回るには、「電動車いすの操作方法の獲得」と「座位の安定性や耐久性を保証」する必要があった。試行した結果、左上腕断端によるジョイスティック操作で、長い直進移動や狭小路・悪路の移動が可能であったので、左脇付近に操作レバーを設置した（図1-a）。車いす走行時に安定した座位姿勢を確保するために、体幹を前屈させて体が抜けない腰の位置に自動車のシートベルト（以下、腰ベルト）を装着したり（図1-b，1-c）、歩道の段差や上り坂で前輪が浮くことを防ぐために、車いす前方に物入れ兼用の重りを装備した（図1-d）。そして座位の耐久性を保証するために、分圧効果が高く、安定性が高いゲル状の車いすクッションを選定した。

　その結果、施設内のみならず長距離の屋外移動のほか、電車やバスを利用した長時間の単独外出も可能となった。外出時にはペニス装着型の集尿器を使用して、排出管を車いすの下に設置して排水溝に排尿している。

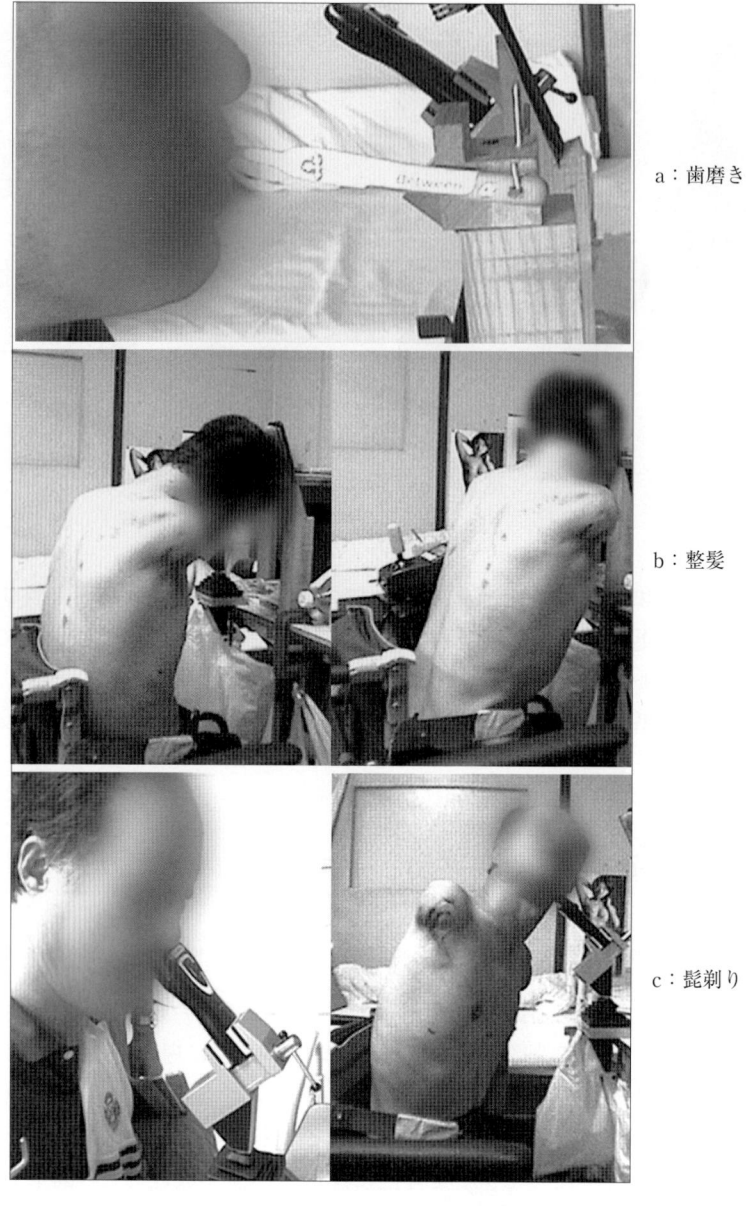

図2　整容動作の工夫状況

a：歯磨き
b：整髪
c：髭剃り

2．電動車いすでの身の回り動作の拡大

　電動車いすの腰ベルトは走行中の安全性の確保だけでなく、重量のある車いすにゆるく結合することで、体幹はどの方向へでも自由に動くことができた（図1-c）。そのため車いす上での運動範囲が拡大して、身の回り動作の獲得に有利な状況となった。
　車いす前方のテーブルに歯ブラシをL字フックにぶら下げてもらうことで、手で歯

a：携帯電話操作　　　　b：タバコの着火　　　　c：食事

図3　車いす座位での活動状況

ブラシを保持しなくても頭、頸部を中心とした動きによる歯磨き行為が達成できた（図2-a）。この歯磨き用の木片タワーのほかに、くしと電気シェーバーを一つのテーブルに固定し設置したことで、自分の身なりを整えることができるようになった（図2-b，2-c）。

　また日常品を電動車いすに配置することで、身の回り動作の自立に役立っている。電動車いすの操作レバーを設置した金属板には木製の板を取り付け、そこにマウススティックとそれを差しておくパイプ、かばん、タバコの入ったケースとライター、カップホルダーを設置した（図1-a，1-d）。車いすの肘かけに携帯電話を取り付けたことで、いつでもマウススティックで通話やメールなどの連絡も可能となった（図3-a）。待ち合わせ場所に早く到着しても、タバコケースに入った棒を使ってタバコを吸ったり（図3-b）、お腹が減ったらコンビニエンスストアで閉鎖しているレジカウンターでサンドイッチや飲み物を開封してもらうことで簡単な食事も済ますことができた（図3-c）。

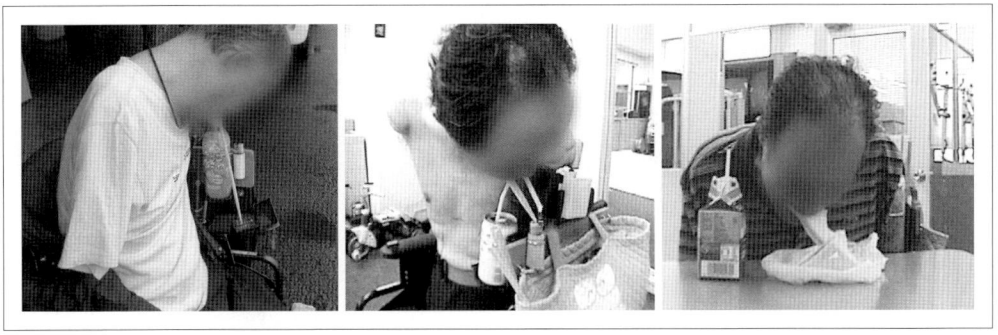

3．ベッドでの床上移動と移乗動作

　電動車いすの腰ベルトを外してもらえば、背中をもたれた正面座位姿勢から後ろ向きに回転を行い、背中からベッドに倒れ込むことで臥位姿勢となり、背這いや寝返りなどで床上移動を行い移乗動作が可能となった（図4-a～e）。ベッドと車いすとの高低差を利用して、ベッドから車いすへ降りれば臥位から座位姿勢に戻ることができる（図4-f～j）など、ベッドや車いす、柵などの環境をうまく利用しながら自分の能力を発揮して、移乗動作での介助量を減らすことができた。ズボンや上衣の着替えの介助が必要であったが、残存部位を動かして積極的に更衣介助に協力した。

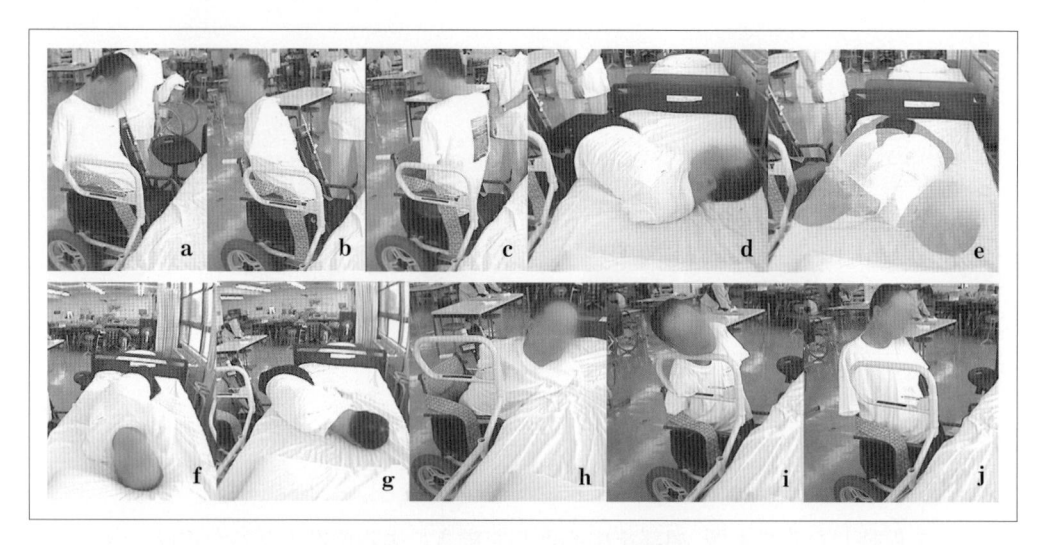

図4　ベッド移乗と床上移動

● 二次障害に対する健康管理

　症例の臥位動作は、体幹と床の支持面を減らして重心を高くすることで、不安定性を作り出して移動していく。そのため背臥位や腹臥位でも、頭部と殿部を背筋で縮めて脊柱を反らせる動作ばかりである。座位動作では、わずかに残った大腿の支持機能を利用して、常に骨盤を前傾して倒れないようにして座っているため、腰部が前彎した特有の姿勢が強要されて、いつも頭部でバランスを保持するために頸部と腰部は緊張してしまう。加えて車いす座位での身の回り動作は前方で行われるので、ますますこの傾向が強まってしまう。このような特徴があったため、症例は頑固な肩こりと腰痛に悩んでいて、このまま見過ごしてしまえば症例の機能障害が重度化してしまい、日常生活もできない状況になると予測した。そのため症例の機能的アプローチでは、「重力下で必然的に一定の姿勢動作の特徴を強めてきたため、重力下では頸部や体幹の可動性を回復しづらい」という仮説を立て、重力の影響が少ない水中運動療法を実施した（図5-a，5-b）。その結果、肩こりや腰痛が改善し良好な結果が得られ、現在は水中のさまざまな動きを覚えて、浮くことも泳ぐこともできるようになった。デイサービスの入浴でも浮かしてもらえるようになり、訓練以外でもリラックスする機会ができたり、「体を動かす楽しみを発見してもらいたい」とさらにスポーツへと発展させてフィンスイムにも挑戦した（図5-c）。今では25 mプールを何往復もできるようになり、新たにスキューバダイビングに挑戦している（図5-d）。

● 四肢切断者に対する性活動支援

　四肢切断者に対する性活動に至るまでの、身の回り動作や移動手段の獲得などの間

a：浅瀬での水慣れ　　　　　　　　　b：力を抜いて浮く

c：腰をくねらせてフィンで泳ぐ　　　　d：スキューバダイビングに挑戦

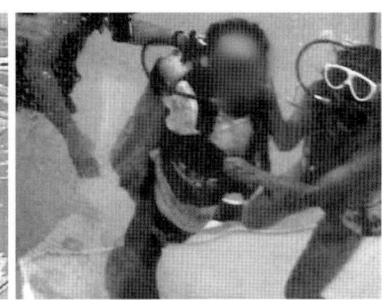

図5　水中運動療法からの発展

接的な支援は、「パートナーに不快な気持ちを与えたくない」「介助による身体的、精神的負担を軽減したい」という症例の気持ちを支えることが大切であり、性活動の実現に向けて「当事者が不安なく自信を持って交際できる」ことをサポートすることが、われわれの役割である。加えて、われわれセラピストの活動支援は「できればよい」というADLアプローチではなく、動作の質を検討しながら、長期間の身体活動の維持や健康管理などを考えてフォローできることが、活動支援のプロフェッショナルといえる。

　四肢切断者は「両下肢の欠損による移動・移乗障害」と「両上肢の欠損による道具などの使用困難」が著明となる。症例に対して、直接的な性活動への訓練は行ってはいないものの、車いすからベッドへの移乗動作やベッド上の姿勢変換動作の獲得は、性活動に非常に有効な能力の支援となった。また症例の車いすや付属品、日常用具は、長年の思いや希望を担当者に伝えて完成したものである。このような相手の受けとめ方を熟慮した症例の豊かな「コミュニケーション力」の形成は、性活動時にパートナーとのスムーズな姿勢変換を促すための口頭指示に役立っている。パートナーに対する姿勢変換や操作など、ハンドリングが不可能な症例であっても、「健常者との性活動とまったく変わらない」とパートナーへ満足感を与えられている。

　恋愛、結婚、出産、育児、性に関する相談は、非常に内面的でプライベート性が高い内容である。そのため患者の心身機能や在宅支援などの延長線として、信頼できる選ばれたセラピストに相談してくれるものと考える。患者に選ばれるには、治療技術

や支援技術を研鑽すること、患者のニーズに真摯に応える態度を持つこと、患者に寄り添い信頼関係があることなど、セラピストとして自分自身を磨いておくことが必要となる。それが性活動も含めた患者への支援につながると考える。

参考文献

1) 松本琢磨, 冨田昌夫：四肢切断者へのADLおよび機能的アプローチ—電動車いすによるADL拡大と水中運動療法からの発展. 作業療法　22：165-174, 2003
2) 冨田昌夫, 松本琢磨：四肢切断者のリハビリテーション. 発達　22：30-36, 2001
3) 松本琢磨：身体障害領域—女性上腕切断者への相談支援. OTジャーナル　44：661-663, 2010

第1章　③ 中間ユーザーの対応の現状

1. 身体障害者の性的介助の経験から
―ボランティアとして

佐藤英男（特別養護老人ホーム，施設長）

● 自己紹介

　元身体障害施設の介護職員で、現在、特別養護老人ホームにて勤務。資格として、介護福祉士、社会福祉士、介護支援専門員を所有しています。年齢50歳代。大学（福祉系専攻）卒業以来、30余年、介護現場にて勤務を続けています。

● 性的介助を始めたきっかけから

　筆者が、身体障害者の性的介助を行ったきっかけは、当時勤務していた身体障害施設の同僚が、ストリップ劇場に同行したり、ソープランドの同行介助を行っていることを知ったことです。

　すでに15年以上前のことですので、ストリップ劇場同行が先だったのか、ソープランド同行が先だったのか定かな記憶はありませんが、勤務先の障害当事者本人から、ストリップ劇場に連れていってほしいとの依頼が、最初だったと思います。当時は、ストリップ劇場にいった経験もなく、自ら風俗店を利用した経験はほとんどなく、店舗がどこにあるのか、どのようなシステムにてサービスが提供されるのかについての知識はほとんどなく、都内の○○劇場は車いすでも入場が可能であるとの情報を得ることだけでした。

　その当事者は、重度の脳性麻痺により発語はほとんどできず、サインボードを利用しなければコミュニケーションが難しく、身体上も車いすも自走は困難であり、食事にも介助が必要でした。しかしながら、過去にピンク映画に通い続け、施設の自室にはAVビデオ（当時はDVDではなくビデオ）や雑誌を集めるなど、性的な関心が非常に高く、ストリップ劇場に通ったり、ソープランドの経験もある方でした。

　ストリップ劇場（朝霞、飯能、浅草、池袋）へは、数カ月に一度、車いす対応のリフト付き車両（勤務先施設にて有料の貸出事業を行っている）を借り、劇場までの運転と場内での移動などの介助を行いました。ストリップ劇場に数回通い、他の劇場も

さがしましたが、車いすで入場できる劇場は限られているほか、当の障害者自身も満足がいかなくなったのか、しばらく経つと、ソープランドの同行を依頼され、職場の同僚からの情報をもとに店舗探しを行いましたが、その障害者の方は、気管切開をされており24時間酸素療法をされていることから、知り得た情報では、受け入れてもらえる店舗ではありませんでした。そのため、埼玉県のソープランド街（西川口）に直接出かけ、店舗と直接交渉を行うことにしました。

ストリップ劇場においても同様ですが、気管切開と酸素療法を行っているため、気管カニューレからの吸引行為を行う必要があり、単独での介助では危険が伴うため、必ず複数の介助者が必要でした。そのため、筆者個人だけでは対応できず、職場の同僚に一緒にいってもらうことになるのですが、二人揃って日程を合わせることは難しく、数カ月から半年に1回程度の外出でした。職場の同僚へは筆者自身から声をかけ一緒に介助を行ってもらえるかを調整します。声をかける同僚も障害者の性に関心を持っている者で秘密保持ができると信頼している人となります。

はじめてのソープランドでは、そのソープランド街にあるすべての店舗と交渉をし、すべて断られてしまいましたが、ねばり強く交渉した結果、やっと1軒の店舗より許可を得ることができました。一度ソープランドに行ったことにより、店舗のシステムや交渉方法を経験することができ、横浜や吉原、府中、新宿、吉祥寺などのソープランドで交渉を行ってきましたが、あらかじめ電話にて車いす使用者であることを告げて交渉をしても、気管切開を行っていることから断られることがほとんどであり、直接店頭に行き交渉をしたほうがよいと判断し、できるだけ行くことにしました。また、そのほかにもファッションヘルスへ出かけたこともあります。

この、気管切開をされている障害者の方は、河合香織氏の『セックスボランティア』にて取り上げられた方であり、ここで報告しきれないことは、同著をご覧になっていただければと思います。

この方以外の障害者については、ソープランドおよびデリバリーヘルスを利用している方の介助を4名行ってきましたが、いずれの方もコミュニケーションに障害があるため、直接の交渉が困難であり、身体状況も全介助でした。そのほか、進行性の筋疾患の方のデリバリーヘルスの介助も行いましたが、コミュニケーション上は問題なく、身体介助のみを行いました。介助は1人で可能な方であり、階段があっても抱えて移動することができます。デリバリーヘルスを利用する際にはラブホテルを利用し、浴室の介助を行った後に、ベッドへの移動を行い、デリバリーヘルス嬢に介助の方法を伝え、筆者は部屋から退室し、連絡があるまで待機するだけですみました。ラブホテルを利用する理由としては、施設内ではプライバシーの保持はできないことと、非日常的な空間において精神的にも満足したほうがよいとの判断です。

これらの方以外においても、居室においてマスターベーションの介助を行った方は複数います。障害者施設においては、6名の方に対して介助を行ってきましたが、在宅障害者の介助も数名行いました。

● 勤務先介護職員（同僚）やご家族の反応

　筆者が勤務してきた身体障害者施設は個室が中心であり、数部屋が二人部屋です。障害当事者の活動が比較的自由であり、外出についても、自己責任において自由です。また、金銭管理も当然自己管理となっており、金銭はご家族のチェックがなければ、自由に使うことが可能です。したがって、風俗店を利用する場合において、自分の所持金を考えての行動となります。場合によっては、ご家族がきめ細やかに預貯金を確認する場合があり、筆者が介助を行ったご家族も使途について把握されているケースもあります。

　施設における障害者の外出については、業務時間内にて買物などを行うための外出は自由に行われており、必要に応じて職員が付添いを行っています。しかし、筆者の場合には、業務にて性的介助における同行介助は行っておらず、ボランティアによる付添いになります。ボランティア活動についても、施設側の制限はなく、職員は業務時間以外に自由にボランティア活動を行うことができます。職場の同僚については、一緒に同行介助を行っている職員が複数いますが、すべての職員が性的介助に同行することに対して理解を示してくれているわけではありません。暗黙の了解にて、風俗店に出かけることを承知してはいますが、日常の話題の中において、性的な会話は多くはありません。

　なお性的同行介助を行う場合のボランティア費用については、外出時の食事を負担していただくことはありますが、介助そのものについては無償にて行っています。ただし、外出時の移動の際に筆者の自家用車を利用する場合があり、その際にはガソリン代を負担してもらっています。

● 風俗店の利用に関して

1．ソープランドの場合

　利用される障害者の身体状態にもよりますが、あらかじめ電話にて車いすの障害者が利用することが可能かを確認しておく場合が多いです。店舗にもよりますが、障害者の対応が可能な女性を限定する場合が多く、選択（指名）することはほとんどできません。時間の予約も含め無駄足とならないためにも、できるだけ確認をしたほうがよいです。しかし、実際に店舗に行ってから、対応できる女性がいないことや階段があり危険であることを理由に断られることもあるため、店舗が１店の地区は選択をしない場合が多いです。

　店舗内での筆者の行動ですが、入店にあたっての交渉の後、移動のすべてを行います。階段状況により、危険を伴う場合（身体が大きい、体重が重いなど）には、単独での介助を行わず、複数の付添いを行うことが多いです。店舗側は手伝いを行うことはせず、すべて自己責任にて部屋までいくことが求められます。部屋の内部に一緒に

入り、衣服の着脱や浴槽の出入りを介助し、ベッドの移動までを行い、その後退室し、終了まで待合室にて待機しています。

相手の女性が重度障害者の対応に慣れておらず、終了まで部屋にいることを求められたことがありましたが、ほとんど場合には、十分説明を行うことで単独でサービスを受けることができます。介助を行ってきた障害者の方はほとんど、コミュニケーション上特別は配慮が必要であり、コミュニケーションボードを活用したり、非常に聞きとりづらい方が多いため、女性に対して、コミュニケーションの方法や介助について筆者から説明をしたりします。

終了後は、必要に応じて更衣の介助を行い、移動介助ののち店舗をあとにします。

２．デリバリーヘルスの場合

利用は主に障害者の受け入れ可能なところをさがして予約をします。サービスは、ラブホテルを利用しますが、ホテルまでの移動をデリバリーヘルス側に行ってもらう場合以外には、ほとんど場合、ホテルの駐車場にて待ち合わせとなります。

ホテルの選択ですが、浴室ができるだけ広いところをさがし、寝ながら身体を洗うことが可能な洗い場を持つ部屋を選択します。ホテル内においては、ソープランドと同様に入浴を介助し、ベッドの移動までを行ったのちに一度退室します。オートロックのホテルの場合においても、ホテル側に事情を説明し、途中で介助者が退室する旨の了解を得ます。退出し待機する場所は待合室が多いですが、ホテル側から外に出ることを求められることがあり、その際には、トラブルの発生が起きた場合にも速やかに対応できるようホテルの駐車場を出て近くにて待機します。

障害者専門のデリバリーヘルスもあり、利用することもありますが、料金が比較的高めであるため、一般向けのデリバリーヘルスを利用することが多いです。これは多くの介助を必要とする障害者の場合には、障害者専門のデリバリーヘルスでも対応が困難な場合が多く、送迎介助も必要とされることから、一般向けのデリバリーヘルスの利用も可能です。しかし、利用される方の障害の程度にも左右されることとなります。

● 実際の活動を通して

性的支援を行うことの個人的意義については、障害者から求められことを実行しているだけであり、一緒に外出したり、旅行したり、食事や買い物や野球を観たり、コンサートに行くことと同様です。

単に楽しいからであり、特別な意義を持つことはありません。外出や旅行は、誰でも行うことができるとは思いますが、性的支援においては、障害者自身からの信頼（秘密の保持）が得られなければ、依頼もされないと思いますので、その面だけはより充実感を持つことができるのではないでしょうか。また活動に関しての留意事項は、秘

密の保持だけです。

　このように、本や雑誌、または論文などにおいて活動を話したり書いたりすることにより、その方々の秘密の保持ができているかと問われれば、完全ではありません。できるだけ特定できないように配慮するようにしています。秘密の保持で重要なのは、暮らしている場所（障害者施設）で、職員に対しても、ご家族に対しても話をしないことです。得てして職員の噂話となりやすく、ご本人が話のネタにならないように留意すべきです（ちなみにご本人から職員に話をすることはよくありますが）

　また、これらの活動を始めた時には、自分自身、性風俗の経験はほとんどなく、特段の興味を持っていたわけではありません。友人（障害当事者）に性風俗に詳しい人がいたため、より情報を得やすかったことはありますが、自分自身の介助経験を通して、少しずつ蓄積していった結果だと思っています。

　筆者のわずかばかりの経験をお話することにより、少しでもニーズのある障害者への介助者が増えてくれればよいと考えています。お役に立つ情報はあまりありませんが、なんらかのきっかけになることを期待しています。

第1章 ③ 中間ユーザーの対応の現状

2．性の悩み相談と感情転移

小平愛子（病院勤務，理学療法士）

● 患者から性の悩みを打ち明けられて

　以下の文章は入院患者Aさんの承諾を得て執筆させていただいた。

　筆者が新人の理学療法士として病院に勤務し始め、まもなくAさんの担当となった。Aさんは、20代の男性で四肢の変形や短縮、麻痺がある。自発呼吸は困難であるため、人工呼吸器を使用、一日のほとんどはベッド上にて過ごし、パソコンでインターネットをしている時間が大半を占めていた。そのAさんの担当となり、1カ月が経過した頃であった。

　Aさんは「自分は生まれてから一度も射精をしたことがない。10代の頃からこのことに対して悩んできたが、誰かに相談したことはなかった。今後、自分はどうなるかわからない。死ぬ前に一度は射精を経験してみたい」と言ってきた。筆者自身、障害者のセクシュアリティに関する本を以前読んだことがあったため、驚くことはなかった。Aさんは筆者に話したあと、解放された気持ちとそれとは逆に動揺する場面がみられ、「このことは周りのスタッフには言わないでほしい」と心配していた。筆者は「周りの病棟スタッフには話さない」と伝え訓練を終えたが、直属の上司にだけは、このことを報告した。

　次の日、Aさんのもとへいくと、再び性の悩みの話になった。筆者は話を傾聴していたが、Aさんは「やっぱり言わないほうがよかったかなあ」と不安を口にした。昨日、悩みを打ち明けたことにより、Aさんが筆者の反応をうかがっている場面が多くみられた。筆者の返す言葉にも過敏に反応しやすく、言葉を選ぶように対応すると、「昨日と態度が違う。やっぱり言わなければよかった」と言われてしまった。

　しかし、何日かすると、Aさんは落ちつきを取り戻し、筆者に打ち明けることができてよかったと話すようになった。Aさんは、障害者のセクシュアリティに関する支援をしているNPO法人（特定非営利活動法人）のことや、他の疾患の人はどのように性欲を満たしているのか、外出で風俗を利用することはできるのかなども話した。そのような中でAさんが一番知りたかったのは、自分が射精できるのかどうかであっ

た。Aさんはこのことを自分から主治医に聞くことはなかなかできず、筆者から聞いてほしいと他人まかせにすることが多かった。しかし、Aさん自身の問題であるため、Aさんを説得し、機会を設けて主治医と直接話し合う場を作ることができた。

結果、射精できるかはやってみないとわからないとの結論になり、関係スタッフによるカンファレンスを通して、Aさんの希望もあり、性欲を感じやすくなるという摘便の時や入浴時に、性器が勃起するのを男性看護師に観察してもらうこととなった。

観察の結果、性器に変化はなかったが、男性看護師はAさんに観察の結果を伝えていなかった。Aさんは観察をしてくれた男性看護師と話をしたい気持ちはあったが、「自分からは彼に聞きづらい」と筆者に話した。Aさんは筆者以外のスタッフには、性の悩みをなかなか話そうとせず、その後も筆者が仲介役として主治医や病棟スタッフと情報交換をする場面が増えていった。

そういったことから、周りのスタッフの中にはAさんが筆者に対して恋心があるのではないか、だから他の担当者には言わないのではないかという声があった。またAさんが新人の筆者に対し、からかって楽しんでいるだけではないかとの見方をするスタッフもいた。

● 性の勉強会の開催

一方で、筆者はAさんに教えてもらった特定非営利活動法人ノアールのイベントに参加、理事長である熊篠慶彦氏と話をすることができた。熊篠氏からは「まずは病棟スタッフ向けの性に関する勉強会を開き、病棟の現状を知ってもらったほうがいい」との助言をもらった。普段、筆者ら医療従事者が何気なく用いているICF（国際生活機能分類）の中にも性に関する項目はあった。熊篠氏に指摘され、障害者にも認められなければならない権利であるということを感じた。筆者は病院に戻り、性の勉強会の企画を上司、病棟師長に相談した。性の問題について知識のある上司や臨床心理士も勉強会を開くにあたり、協力してくれた。

勉強会では、患者の性欲とその援助について記された内容の文献抄読、Aさんについての事例検討を行った。医師、看護師、リハビリスタッフ、介護福祉士などが参加してくれ、検討事項として、筆者がAさんに相談を受けた時の対応は正しかったのか、スタッフがそういった性の悩みを患者から相談された時にどのような対応をとるのが正しかったのかを、スタッフの体験談も踏まえてディスカッションしていった。スタッフの中には「患者の性の問題をそこまで深く考えたことはなかった」というスタッフもいれば、筆者と同じように「患者から性の悩みを打ち明けられ、具体的なサービスの利用まで計画した経験がある」と話してくれたスタッフもいた。また障害を持つ方の中には性的興奮に伴い、心拍数などバイタルサインの面でリスクを背負う場合もあり、命がけで性に対して取り組んでいる人がいることも紹介された。そうした勉強会の中で、結論として出たのは、「性の問題をきちんとご本人とスタッフ間で話し合うことができる体制を整えていくこと」であった。

筆者はAさんから相談を受けた際に、Aさんが筆者に口止めをしたため、カルテには記載しなかった。しかし、口止めをされなければ記載したかというと、それもわからず、なんとなく書きにくい部分もあった。勉強会に出席していた看護師長は、そのことに対し、「一人で問題を抱えないためにもカルテには記載し、情報を皆で共有することが大切である」と助言してくれた。しかし、その上でスタッフは性の知識を持っていないと、記載された患者について誤解を招きかねないため、やはり性に関する勉強会を開くなどして、患者の現状を知って考えてもらうことが必要であると感じた。

●その後のAさん

　ちょうどその頃、Aさんの両親と担当スタッフで行われるAさんのカンファレンスがあった。それまで両親にはAさんに性の悩みがあることを報告はしていなかった。Aさんから「両親にはこのことを言わないでほしい」と言われていたことや、20歳を超えていたため、自己の判断が優先されるべきであったからである。しかし、その頃Aさんから性のサービスを受けたいという希望が聞かれるようになっており、お金が必要になる可能性があったため、両親に現状を報告することになった。両親は快く聞き入れてくださり、息子には今聞いたことは言わないと約束してくれた。
　そうした両親の協力もあったが、Aさんはサービスを受けたいというわりに具体的な計画の話になると、「やっぱりやめようかな」「お金がもったいないのではないか」と気持ちは揺れ動き、ネガティブになっていった。筆者がAさんから性の悩みを打ち明けられて半年が過ぎていた。

●Aさんの担当を変わって

　いつまでも態度が変わらないAさんの様子を見て、上司は筆者に理学療法士の担当を変更したらどうだろうかと相談してきた。結局、その後も筆者がAさんと病棟スタッフの仲介に立ち、Aさんは筆者以外のスタッフに性の悩みを相談しようとしなかった。筆者自身、円滑に進まない現状に対し、イライラしてしまうこともあったし、実際に筆者が行っていることは正しいことなのかと焦りも混じっていたように思う。Aさんがサービスに対して「イエス」と言わないかぎり、どうすることもできなかった。今までAさんのためにできることはやってきたつもりだし、Aさんがその気になれば、担当理学療法士が変わっても性のサービスを受けることはできるだろうと考え、担当を変更することになった。
　Aさんに担当が変わることを伝えると、数日後にAさんは筆者に「好きだ」と言ってきた。筆者はその場で断りはしたが、Aさんとしては納得がいっていないようであった。その後しばらくして、Aさんは担当が変わった理学療法士（男性）に対しても同じように性の悩みを相談するようになった。

● 振り返って思うこと

　今、振り返ると、Aさんは初めて経験することに対して、不安があったのだと思う。しかし、筆者はAさんと病棟スタッフの間に挟まれた中で、両者の調和を保つことに必死であり、肝心な部分でAさんの気持ちを聞いていなかったのではないかと思う。Aさんにとって、筆者は最初から悩みを話しやすそうな人物、もしくは女性として好みのタイプであり、最終的に恋愛感情を抱いた。筆者はAさんの射精をしたいという訴えを第一に行動してきたが、あまりに熱心になりすぎて、それが感情転移（逆転移）を引き起こしたのではないかと反省している部分もある。

　人が深刻な悩みを打ち明ける時には、話す相手を選ぶ。その人のプライドもあるし、相談する相手を感覚で選ぶこともある。今回、Aさんと関わってきた中で、周りからは恋愛感情があったのではと言われることもあるが、筆者を選んで話してくれたことを誇りに思うし、Aさんと一緒に悩みを共有できたことを嬉しく思う。悩みを解決することはできなかったが、Aさんは成人男性としての性の葛藤を体験することができたのではないかと思う。

　今回、Aさんは性の悩みを相談し、さらに恋愛感情や依存心、不信感などを抱いた。それらの感情の裏には、Aさんの「自分を認めてほしい」「さびしい」といった気持ちがあったのだと思う。周りのスタッフからはAさんが筆者に対して、恋愛感情があることを指摘されていた。しかし、筆者はAさんが恋愛感情だけで相談しているのではないことを感じていたため、そのことを周りのスタッフにもわかってほしかった。そのため、自分でなんとかしなくてはならないという気持ちが強く、Aさんの感情に入り込みすぎて、医療者としての自分を客観視することができなくなっていたように思う。その結果、筆者自身が焦りや無力感を感じるようになった。

　性の問題は、患者と治療者が異性である場合、感情転移の問題抜きでは語れないことが多いだろう。そのような時、解決策として当事者間の距離を離すことや同性のスタッフを介入させることもあるが、われわれは医療従事者として、患者の話されたことを表面的に受けとるのではなく、冷静になり裏に隠れている気持ちをくみとることが必要である。そうしないと、いつまでも同じ悩みを繰り返し、解決には至らないのではないだろうか。結局、今回Aさんの悩みを解決することはできなかったが、少なくともAさんは、誰もが経験するであろう欲求と葛藤を体験することができたのではないかと思う。

　今後も働いている現場ではこのような場面に遭遇することがあるだろう。しかし、性の問題に対しては、スタッフ間での情報交換が円滑にできない部分が多くある。セクシュアリティの知識について認識している医療スタッフは少なく、患者の性の欲求について考えたこともない人もいる。また相談することにより、患者と治療者の関係がぎくしゃくする場合もある。そうならないためには性の問題について、スタッフ間できちんと話し合える環境を現場で作っていくことが必要であり、われわれは患者とのかかわりの中で、性の問題を切り離すことなく考えていくべきである。

第1章 ③ 中間ユーザーの対応の現状

3．家族の当事者性
―兄の性活動とともに

奥村　豊（タップ整骨院，柔道整復師）

● 兄の性活動へのかかわり

　私は男2人きょうだいで，4歳違いの兄がいる。兄は出生時の低酸素脳症によりアテトーゼ型の脳性麻痺と診断されている。当時は3歳まで生きることは難しいだろうといわれた兄は，今年（2012年）42歳になった。四肢に麻痺はあるものの，会話や知的にはまったく問題はなく，時間をかければ着替えなど身の回りのことも，ある程度可能である。長距離の移動も大好きで新宿から四谷まで公的機関は使わず，車いすだけで移動したこともある。好奇心旺盛の行動派といえる。私が家を出る18歳まで兄とはずっと一緒に生活していた。兄が30歳近くになったある日，私はずっと気になっていたことを思い切って切り出した。『30歳になるけど，実際のところ今まで女性経験はあった？』

　私が兄に誘い水をしたのには理由がある。一つは兄の部屋にはH本がごろごろ転がっていて，わりと早い時期からマスターベーションもしているようであったこと。もう一つには，その頃，兄の同級生がたまたま連続して亡くなり，落ち込みが激しかったことである。

　元気のない様子は私にもわかった。ドライブが大好きなのに誘っても行きたがらなかったり，おしゃべり，カラオケ，お酒など好きなことも遠ざけてしまっているようにみえた。母の「同い年の人間が続けて死んでいったら，どんな人でも不安になる」というのを聞いてなるほどと思い，その中で兄はやりたいことをやり残したりしていないだろうかとも考えた。

　私は兄にどうにか元気を取り戻してほしいと思った。人生幸せだ！　と思う瞬間をたくさん持ってほしいと願った。性欲を持っていて，体験してみたいと思うなら，その思いを実現させてあげたい，障害を持っているというだけで，そのすばらしさを味わえないのなら，それはあまりにも理不尽なことに思えた。兄はどうしたいのだろう，私はようやく迷いを振り切って聞いたわけである。言いかえれば，それは弟の私であっても，なかなか踏み込めない領域であった。

兄は『行ってみたい』と即答した。当時の私は忙しくなかなか実行に移せずにいたら、兄からは催促の嵐、よほど楽しみにしていることがうかがいしれた。後で知った事実だが、実は以前にも、職場の健常者の人に連れて行ってもらったことがあったらしい。家族というのは不思議な存在である。とても近い存在であるが、兄は弟の私には相談せず、身近な第三者に悩みを打ち明けた。本人に興味があるのなら、人は人とのつながりの中で連れて行ってくれる人もあるのだなと思ったのを覚えている。ちなみに兄によれば、今までこういったサービスを女性に触ってもらえるだけのものなら当時で2回ほどあったらしい。

●性サービスへのアクセス

　私はまず、健常者も利用するという案内所を友人から教えてもらい、そこのおじさんに相談した。その案内所のおじさんはとても親切で、兄の事情を話すと「それなら最高の思いをお兄さんにしてもらわなきゃ。頑張っていい娘（こ）探すよ」と言ってくれた。紹介された先に連れて行った時は、兄もとてもはしゃいでいて他人の手を借りず、自力でお店の階段をずんずん上がっていった。さすがに店の中まではついて行けず、実際の現場を見てはいないが、兄は大満足で戻ってきた。そんな兄をみて、私もとても嬉しく思ったことを覚えている。

　5年ほど前から筋肉の低下がみられていた兄は、一昨年、検査した結果、頸椎に圧迫骨折が3カ所ほど見つかった。ずっと車いす生活ではあったが、狭い道路などでは車いすを前方に放り投げ、自身で前進するくらい筋力は人一倍あったので、兄の落ち込みはひどく、『生きていても仕方がない』とややうつ気味であった。私は兄にまた生きる元気を取り戻してほしいと、今回、再び障害者を受け入れてくれるサービス業者を探し始めた。

　ところが、情報は想像するよりもはるかに少なかった。今のご時世、インターネット上には情報があふれているだろうと思い込んでいた私には、意外な結果であった。健常者向けの情報はあれほど氾濫しているというのに。さらに故意なのか、そのほうが情報として掲載がしやすいのか、ネット上のそういった情報はほとんどが画像化されており、テキストデータでの検索にひっかかりにくくなっている。これでは情報を見つけられず、情報はないと思い込み、諦めてしまっている人も多いのではないかと思われた。また実際に兄を連れていって感じたことだが、そういったサービスを提供する場所は、たいてい道や階段が狭く、暗い場所にある。身体障害者が一人で行けるようなところではない。

　結局、頼りになったのはご本人も当事者であり、性サービスの体験も豊富な人からの情報であった。彼は情報発信をしていたので、こちらもコンタクトがとりやすかった。実際、兄を連れていくとお店の人も慣れた手つきで、兄を4人がかりで手際よく運んでくれた。兄はやはり満足して戻ってきた。体験者の情報はリスク回避の面でもとても貴重であった。

それにしても、これでは障害を持った人が、自分で情報を探し出して、できれば介助者なしに自力で行くにはとてもハードルが大きいと思われる。

● 障害者と家族の関係性

　兄を通して障害者の性活動に関わることであれこれ思うことがあった。兄はたまたま男のきょうだいがいたが、女きょうだい、あるいは一人っ子の方など、いったいどうしているのであろう。そもそも、他人に知られたくないことを相談し、依頼しなくてはならないというジレンマは、とても大きいのではないだろうか。兄の場合でも、こちらからの誘い水がなかったら、ずっと私には言わないままでいたかもしれない。それほどナイーブな問題である。しかし、健常者であるきょうだいの支援が、大きな力を発揮するのも確かだろう。たとえ女きょうだいだとしても、性への理解があり行動力があるなら、性体験の機会もあるかもしれない。女性心理にたけることができるかもしれない。私の知り合いでは、姉の彼氏が性サービスへ弟を連れていってくれたという例もある。きょうだいの思い・行動次第で、障害を持ったきょうだいの人生の豊かさは変わってくる可能性がある。

　家族とは難しいものだと思う。当事者は物理的に自分の不可能な部分をどう解決するかを考えるが、家族は障害を持ったその人とどう関わるべきなのか、関わるスタンスの面で大きな悩みを持つような気がする。家族とは何なのかという根源的な問いにまでつながることもある。

　父は兄が生まれた時、障害を持った子どもが生まれたことを認めたくなかったため、施設に預けたいと言ったそうである。それに対して母は「身体の障害があるこの子に、心の障害まで持たせたくない」と口論したという。結局、父は後に家を出ていってしまった。そのこともあって、母は兄を自分で自立して生きていけるように育ててきた。弟から見て、それは兄にとってプラスに働いているのではないかと思っている。

　家族は最大の支援者であり、一方で最大のバリアだったりする。兄の通った養護学校の同級生の中には、家族が世間から彼らを隠してしまい、卒後はほとんど会えなくなった人がたくさんいる。それは愛情とも呼べるものでもあり、ごくごく普通の家族の像であり、偏っているものではない。健常者である親やきょうだいは、それぞれの立ち位置や接し方に悩む。けれども近すぎて見えない部分もある。性サービスの話を持ちかけた時、兄が他人の手を借りて、性サービスを経験したことがあるとは思いもよらなかった。仲のよい友だちとは、ふざけ話の中で性に関する話題もよく出ていたらしい。家族だから言いづらい、家族だから踏み込めない部分はあるのではないかと思うし、またそれぞれの家族の関係性によっても、大きく左右される。

　専門家は、「障害者の家族」という枠でまとめがちであるが、家族間でも大きな隔たりがある。障害者と家族の間に絶対的な距離は存在する。近いのに縮まらない距離だ。家族はどうあるべきなのか、どうすることがよいのか、どこにも答えをみつけることができないまま葛藤し続ける。母の立場で、きょうだいの立場で。その意味では

家族も当事者なのかもしれない。

● 兄の性活動に関わって

　私はずっと性に関しては個人差も大きく、他人が関わることではないと思ってきた。しかし、私が26歳、兄30歳の時、思い切って尋ねたあの時から、考え方は変わった。性欲があって、経験したいと思っている障害者の方で、そのことを誰にも伝えることができず、ずっと経験しないまま人生を終わっていく人もいるのだと思うと、同じ人として胸が苦しい。家族が意識的にせよ無意識にせよ、そういったことにバリアを張ってしまったりしている現状もある。性欲には個人差があるし、他人が深く関わるものではないにしても、障害者だから童貞が当たり前、性行為なんてもってのほかなんていう認識は、少なくともなくしていくべきだろう。家族がなぜ障害者を世間から隔離してしまうのか、障害者の恋愛も含めた性活動が困難をきわめるのはなぜか、世の中が変わらなければならない面もあるはずである。

　繰り返すようであるが、障害者の性への情報はとても少ない。求める情報を障害者自らが簡単に集めることができ、容易にサービスを受けることができる環境が、この先構築されることを願いたい。私の友人の中にも、兄の性活動を相談するうちに、障害者への性について関心も持った人もいる。まずは自分のまわりから少しずつ変わっていくのかもしれない。それには発信していくことが大切だと思っている。

● おわりに

　障害者の方の性活動にとって必要なのは情報と哲学だと感じている。情報で大切なのは事実である。障害者のための情報はあまりにも少なく、質やリスクなどの見極めがたいへん難しい。

　哲学とは、おおざっぱにいえば、どう生きていくかといったようなものだ。性は生き方にも大きく関わってくる。人生において大切な因子である。

　性は個人差が大きい。場合によっては、よけいなおせっかいになる場合もあるだろう。私の場合は兄に性欲があるならその気持ちを満たしてほしい、人生幸せだと思ってほしいという気持ちから行動した。専門職の方のまわりには兄のような人がたくさんいるはずである。ぜひそういった目でまわりをみつめ、求めている人にはちょっとしたおせっかい（支援）をしてもらえればありがたいと思う。第三者だからこそ、性に関する相談をしたいと思っている障害者も多いはずだ。

　そして、障害を持った方に伝えたい。性欲は当たり前の要求であり、それを求めることに罪悪感を感じないでほしい。できればどんどん発信して世の中を少しずつ変えていってほしい。今回、そんな思いで本の発行に携わらせていただいた。性のことも含めて、多様な価値観を認めていける世の中でありたい。

第1章　4　当事者の性活動

1. 脳性麻痺

熊篠慶彦（特定非営利活動法人ノアール，理事長）

● 障害について

　現在、日常生活では屋内屋外ともに電動車いすを使用している。中学2年生までは終日、杖にて歩行していたが、中学2年の夏、股関節亜脱臼の手術後にC型肝炎（当時は非A非B型肝炎）を発症。投薬と絶対安静の半年間を過ごし、上肢（肘、手首）の拘縮が進行した（拘縮の度合いは日々進行している）。杖を保持することが困難となり、以降は車いすでの生活を送ることとなる。ただし、立位の保持、つかまり立ち、ごく短い距離の伝い歩き程度であれば現在も可能である。

　日常生活動作は自助具などを用いつつ、時間はかかるが、ほぼ自立。22歳頃より単身生活を始める。当時から、週2回のヘルパー派遣にて、生活援助、身体介護を受けている。自動車運転免許を有しているが頸椎症、ヘルニアなどの二次障害（老化現象）に伴い、現在は電車、バスも利用する。

● 私のマスターベーション

　中学2年生までは図1-a，図1-bのような握り方で行っていた。上肢の拘縮の度合いにより、中学2年以降は図1-c、現在は図1-dのような握り方で行っている。

　また成人玩具を使用する場合は、ローションの後始末などを考慮し入浴時にすることが多い（ヘルパー派遣時ではなく単独入浴時）。いずれの場合も射精時に強めの痙性が起きるので、転倒や精液が飛び散らないよう、かなり気をつけている。

　転倒防止については、例えば車いすと壁の間に隙間を作らない、ベッド上の壁側（柵側）に寄ってするなど、そもそも転倒し得ない環境を作る。精液の飛び散りを防ぐにはコンドームを装着するとか、使い古しの靴下（指先に穴があいているものは不可）を被せるなどすれば、かなり有効である。ただし、どちらにも一長一短があり、コンドームは薄くローションが塗ってあるため事後の始末がやや大変な反面、痙性で手が離れても精液は飛び散らない。靴下は、爪先部分で精液を受け止められれば、踵から

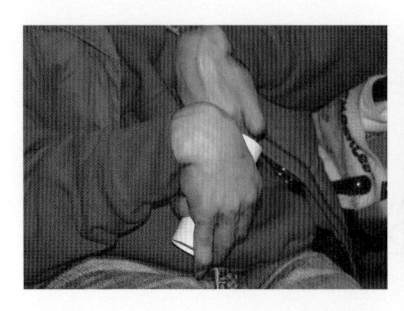

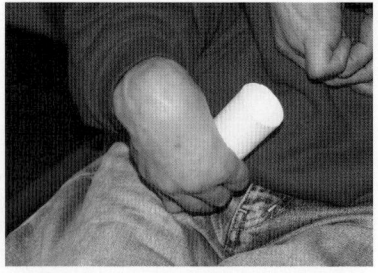

a, b：中学2年生まで

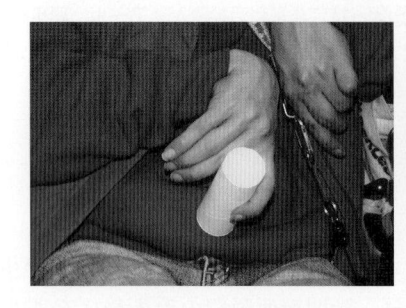

c：中学2年生以降   d：現在

図1　ペニスの握り方の変化

脛の布地部分で陰茎を拭けるので事後処理が簡単な反面、コンドームのように密着していないため、痙性で手が離れると精液が流れ出てしまう可能性がある。しかし、輪ゴムなどで軽く固定することで、それはほぼ防ぐことができる。あとは試行錯誤して回数をこなせば、自分なりのオリジナルスタイルがみえてくる。

● 私のセックス

　中学2年生の手術時、担当ではない新卒2年目くらいの男性理学療法士（風俗大好き）と仲良くなり、「大人の階段を登るため」のリハビリ担当となってもらう。運転免許取得直後（約1週間）、新宿のシティホテルへ同行してもらい、出張系性風俗にて初体験をすませる。曰く、「おまえさんが店舗へ行くと、服を脱いですぐに服を着なければ1時間や2時間はあっという間。出張系なら事前にシャワーを浴びてバスローブを羽織って待っていればいい。服を着るのもおネエさんが帰ったあとにゆっくりやればいい。そのほうが1時間なら1時間たっぷり楽しめる」と。続けて「それとな、おまえさんくらい拘縮がきついのに言語障害がないのはまれだよ。風俗のおネエさんに限らず、問題なくきちんとコミュニケーションがとれることは大切。それに舌も自由に動かせるだろ？」とも。

　肝心な動作としては、腕が伸びない・伸ばせない、寝返りに時間がかかるなど考えれば、こちらは、ほぼマグロで、主な体位は騎乗位、ベッドのリクライニングを上げ

ての対面座位や側臥位（横バック）くらいしかバリエーションはない。ほかには車いす上で挿入したまま、ちょろちょろ動き回って、ちょっとした「吊り橋効果」を演出してみたり…。

ただし、ただしだ。ピストン運動すらできないマグロでも、唯一自慢できることがある。それは痙性をコントロールできること（痙性は不随意運動だから、コントロールできた時点で痙性ではないというご指摘は受けつけない・笑）。騎乗位で挿入し、パートナーの体重がかかることで尻か膝の選択と、痙性のスイッチのオンとオフ、そして調子が良ければ、その強弱のコントロールができる。これはパートナーが体重をかけるだけでよく、あまり動かなくてすむこと、さらにピストン運動のようなダイナミックな動きではなく、ファジーな振動の強弱が選択可能なので、概ね好評であることを強調しておく。

とはいえ、マスターベーションにせよセックスにせよ、頸椎症の関係で、射精時の（コントロールできない）痙性で左腕に電気が走るため、したいけどしたくない、したくないけどしたい、という悶々とした現状でもある。

● 過去、現在、未来

1．1990 年代前半（20 代前半）

初めてセックスをした 20 数年前、バリアフリーやノーマライゼーション、QOL の向上などという言葉や概念、それにインターネットなどの情報ツールは皆無であった。ましてや、障害者でも利用できる風俗店、車いすでアクセスできるホテル（ラブホテル）の情報など、どこにもない。風俗店は夕刊紙の三行広告に電話をかけまくり、20 件に 1 件が受け入れてくれたら御の字。ホテルは地元の図書館で東京の電話帳を閲覧し住所と電話番号をメモしまくった。

今では考えられないが、当時都心の某シティホテルでは、シャワーチェアや浴槽の滑り止め、トイレの手すりなどの障害者対応機器（設備品）を借りようとすると、確か 1 泊 3,000 円ほど上乗せさせられた。時代背景から考えれば、用意してあるだけ先進的ではあるけれども、さすがに料金の上乗せは看過できず、チェックアウト時にホテルのマネジャーと一悶着したのは、今となってはいい想い出である。

2．2000 年代（30 代）

インターネットの急速な普及で、個人でも手軽にホームページを開設できるようになり、障害者でも利用できる風俗店、車いすでアクセスできるラブホテルの情報サイト[※1]を作った。もう何年も更新していないラブホテルの情報ページには、今でも相当数のアクセスがあって、ありがたいやら申し訳ないやらだが、一方で、そんな古めかしい情報しかない、あるいは似たような情報サイトが開設されないことは悲しいこと

でもある。

　サイト開設以降、メディアへの露出が増え、医療福祉系学生からの卒論相談などを受けるようになるが、大半の学生が口をそろえて、「患者・高齢者・障害者の性に関するカリキュラムはほとんどない」と言う。それは、体系立って教えられる教員がおらず、またICF（国際生活機能分類）理論などの講義において、性に関する項目は取り上げられないとも聞く。現に、現場に出ているセラピスト数名から「ICF理論にそんな項目があること自体を知らず驚きました」などと真顔で言われると、言われたこちらがさらに驚くという笑うに笑えない現状である。

　そろそろこの、教えない、教わらない、そして関われない、事例や経験の蓄積ができない、だから教えられない、教わらない、というスパイラルは断ち切る時期にきているのではないのか。

3．2010年代以降（40代）

　上記に関連して、今の段階ですべての医療福祉系専門職に向かって、患者・高齢者・障害者の性的な活動に関わってほしいとは言わない。しかし、性的な項目を含むICF理論をはじめとする最低限の基礎知識だけは身につけておいてほしい。その上で、志のある専門職が専門知識を習得し「認定○○療法士」のような資格が設けられ、さらに当事者が自らの経験や知識をもとにセクシャルピアカウンセリングなどを行えるようになるのであれば、それが望ましいと考える。

● おわりに

　個人的なこととしては、今後は老化の一途、体力の低下が著しくなるはずなので、右上肢の痙性をコントロールできるようになりたい。という半分冗談、半分本気な願望で締めさせていただく。

　　　※1　「熊篠邸の地下室」（http://www.netlaputa.ne.jp/~k-nojo/CHIKA/index-3.html）
　　　※2　特定非営利活動法人ノアール（http://www.npo-noir.com/）

第1章 ④ 当事者の性活動

2. 頸髄損傷

J夫妻

● はじめに

　私たち夫婦は、結婚して8年になる。約3年間付き合い、結婚に至った。患者とリハビリのセラピストの妻という関係は、一般の方が相手というよりは不安な点が少ないかもしれない。でも、私たちなりに8年間、さまざまなことを経て、今現在、子どもを交えての楽しい生活を送ることができているように思う。私たちの経験を少しお話したいと思う。

● 異性とのかかわり合い

　私は20歳の時、オーストラリアの短期留学中に、行楽で訪れていた海で飛び込んだ際に大きな波とぶつかり頸髄損傷になった（図1、図2）。1カ月後、帰国して病院に入院した際に、妻がリハビリ担当のセラピストになった。障害を持つと異性と関わることに抵抗を感じたり、遠慮してしまいがちになる方が多いようだが、「いつか歩ける・どうにかなるさ」という楽観的な自分にとっては、異性とのかかわり合いも特に何も気にせず、普通の男女として関わっていた。妻もそんな私だったので、障害者という視点はなく、普通の男女として接することができていたようである。お互い特に不安を覚えず、自然に付き合いがスタートした。ただ、妻は結婚を考える年齢だったので、6歳も年が離れ、また大学生とセラピストという関係では、結婚は無理かもしれない

図1　オーストラリア シドニー（受傷した海）

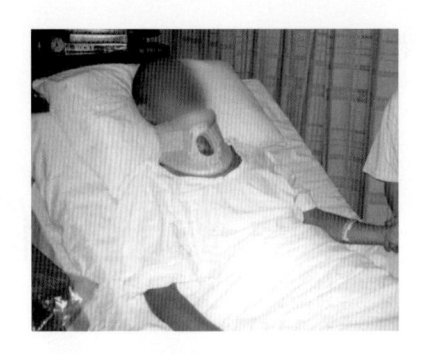

図2　頸髄損傷（急性期の様子）

という現実は覚悟していたようだ。一般的に考えれば、健常者と違い、介助などの面で困難なことがあるかもしれないが、障害や年齢に関係なく、精神的な支えや一緒にいるのが当たり前のような存在であったことが、私を選んだ理由のようである。

　私たちは、お互い障害者として捉えながら接するのではなく、普通の男女としての感覚で接することが、付き合うことへ発展しやすいのではないかと思っている。私たちは、車いすであることや日常生活動作（以下、ADL）に介助を要すること、そして性行為の過程について、特に不安を持たずに関わることができた。なぜなら、障害を一つの個人の特徴（誰にでもある欠点みたいなもの）として捉え、さまざまなことを二人で考え、よりベストな関係を保ち、楽しく過ごせるように試行錯誤してきたからだと思う。それは、健常者の付き合いと変わりないものと考える。

　当事者としては、必要な介助について、相手に負担になるのではないかという思いも多少あるが、そのつど、感謝の気持ちが相手にしっかり伝わるように心がけている。ただし、障害者特有のこともあるので、試行錯誤する過程で、解決が困難な時は専門家（医師やリハビリスタッフなど）のアドバイスを受けたらよいのではないかと思う。

● 性活動のポイント

1．情動面（愛情）・性欲

　実家住まいの私にとって、二人でゆっくりできるところは限られる。車いすは、どうしても目に入りやすいので、こういう時は玉に瑕である。目立つ場所は避けるようにしていたし、定番の場所というものができていたかな？

　情動面は、勃起や射精につながる大事なこととして考える。私の場合、その後の性行為の頻度が高ければ、それだけ刺激となり、勃起のしやすさや射精が起こる可能性が高くなっていった。

　しかし、現実的には、当事者の精神的余裕の有無が関係している状況である。現在は私自身も就労しているが、自宅に帰り、食事や排便など、自身の日常で必要な行為をして次の日を迎える。別段忙しく見えなくても、一つひとつの行為について、健常

者とは処理スピードの差があり、その差の蓄積により、時間・精神的にも余裕がなくなりやすい現状である。その結果、性欲にまで気持ちを回すことが難しい時もある。ADLの効率化を図ることや、できる動作であっても必要に応じて介助する、もしくは介助を受けることにお互い理解を持ちながら過ごしている。

2．勃起について

　自己満足かもしれないが、相手を満足させることができているかを考えるうえで、勃起は重要だと思う。勃起できたとしても、中途半端な勃起は快感につながりにくい。そのため、私の場合、勃起を十分にするためや持続性を高めるために、バイアグラ®（他の薬もある）を服薬している。相手を満足させることができているかという不安を解消してくれる手段として、大いに役立っている。

　私の場合は、飲んでから2〜3時間後がピークになるため、タイミングに合わせて飲むことが必要となる。すぐに性交したい場合は、タイミングが合わないのでちょっと残念であるが！　また、反対に服薬したことで持続しすぎて、勃起がおさまりにくい時もある。車いすの場合は座位姿勢で目立ちやすいため、外出の必要性がある場合などは、隠すことができるもの（洋服や鞄など）があるとよいかもしれない。

　1年ほど前に、肺炎で入院したことがあった。入院後、原因は不明だが、勃起しにくくなった。せっかく、受傷時よりも勃起しやすくなっていたので、とても不安になった。最近、ようやく以前のように勃起しやすくなってきたので安心しているが、性生活においても、全身状態の管理が大事であると痛感する。

3．性交について

（1）スキンシップの大切さ

　実際の性交に至るまでのスキンシップは、とても大事であると感じる。介助する側、される側という、普通の夫婦とは違う関係がある。日々、お互い忙しいとさまざまな感情が起こる場合もある。そんな時、スキンシップをとることが多いと、お互いを思いやる気持ちも高まり、生活がスムーズに流れるような感じがするので、私たちはスキンシップを大事にしている。

　これは、実際の性交になると、男性が頸髄損傷者の場合、女性が騎乗位になって多く動かなければならないという点へのお返し的な意味もあるかもしれない。女性側は、体力面（若さ？）が必要だ。正直に言うと、女性側は大変だなと思う時もある。そんな時は、スキンシップをたくさんとったり、男性が女性の腰に手を添えて、動く際にリードすることで、少しでも相手を満足させられるように努めている。女性は、男性にリードしてもらえることや、行為を共有できる嬉しさが得られると思われる。多少でも手が動く方は、女性に触れて、少しでも一緒に行為に参加することは意味が大きいと思う。

(2) ADL の影響

満足させるために、満足するためには、姿勢の保持や、姿勢のバリエーションがポイントとなる。これはリハビリへのモチベーションとなり、またリハビリの効果が活用できる時である。男性が頸髄損傷者の場合、臥位にならなくても、臥位での騎乗位（図3）のように、車いす座位で同様の行為を行うこともできる。正常位などを行いたい場合は、四つ這い位（図4-a、4-b）や膝立ち位（図5-a、5-b）などの姿勢保持、姿勢変換へチャレンジすることもあるだろう。

いずれも、お互いの負担にならず、楽しく一緒の時間を過ごせるように努めているが、当事者のADLが、性交の頻度などに影響を及ぼすこともあるかもしれない。例えば、集尿器を使用している場合、性交を終えた後に装着する必要がある。そのまま就寝することができないため、忙しい時はそのことを考えると、性行為がおっくうになるなどの心理的負担が生じることもあった。障害者の場合は、時間的な余裕の必要性が非常に大きく、お互いに時間を作る心がけも大切にしている。

図3　男性頸髄損傷者（相手が健常の場合）の体位-騎乗位[1]

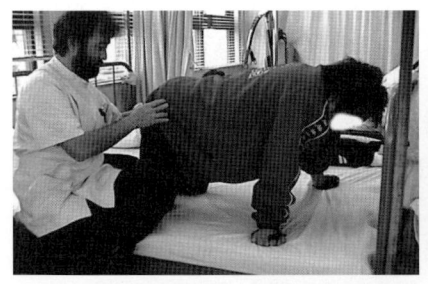

a：完全頸髄損傷者への四つ這い訓練

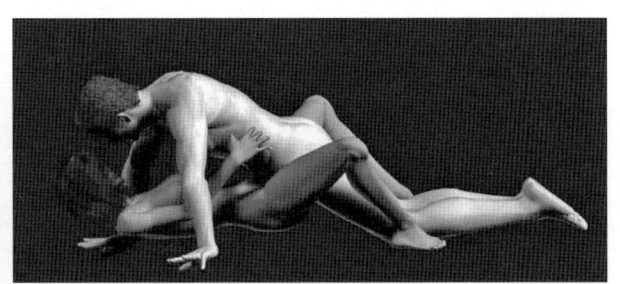

b：頸髄損傷者の正常位

図4　男性頸髄損傷者（相手が健常の場合）の体位-四つ這い位[1]

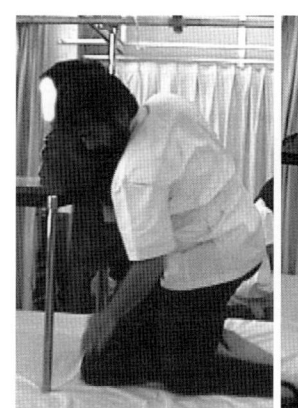

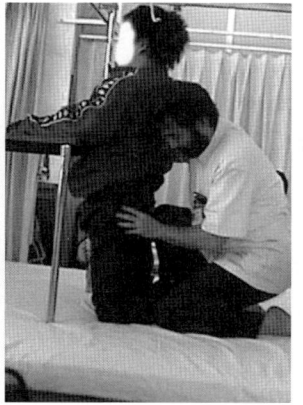

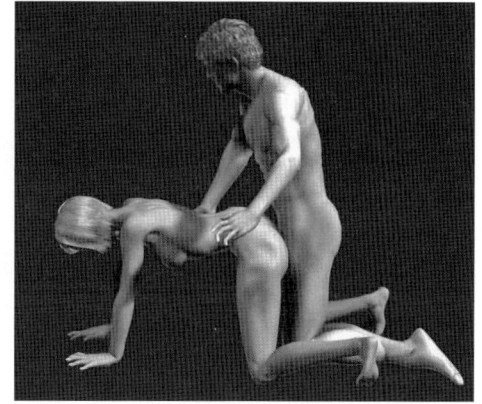

a：完全頸髄損傷者への（支持あり）膝立ち訓練　　b：頸髄損傷者の後背位

図5　男性頸髄損傷者（相手が健常の場合）の体位-膝立ち位[1]

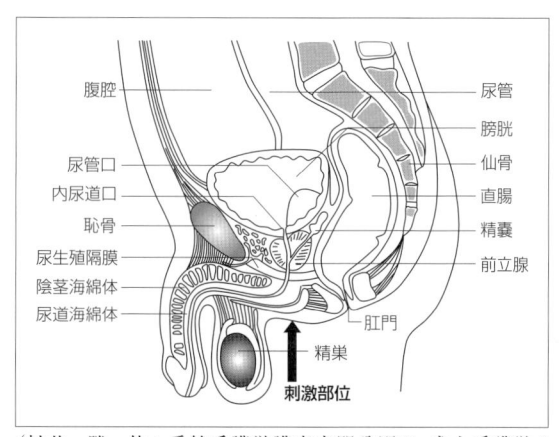

(村井　勝，他：系統看護学講座専門分野Ⅱ　成人看護学8
腎・泌尿器科 第13版．医学書院，p34，図2-10, 2011 より
引用，一部改変)

図6　前立腺の位置としくみ

4．射精

　当事者が男性の場合、受傷前と同様の射精の感覚が味わえたらいいなと思うことがあると思う。これについては、個人で能力的に可能かどうか異なるが、私の場合、性行為の頻度が高いことは、射精への可能性を高めてくれた。

　また泌尿器科で、陰のうと肛門の間、いわゆる会陰部（図6）を刺激すると、前立腺が刺激され射精できる場合があるとの指導を受け、初めて性の道具（バイブレーター）などを用いてみた。残念ながら、その刺激よりも実際の性交のほうが効果があったが、時間があれば、そういった方法で活動性を高めていくことは、今後の受精へもつながっていくように思う。

5．快感

　お互いの身体を触れ合うことや、性交の際に一つになっていることでの快感はこの上ない喜びである。相手を快感に導き、自身も快感を得られることが一番よいように思える。

　勃起の問題がある場合は、性器だけでなく、手や口を使うことも快感へとつながるかと思う。最終的には射精となるが、避妊用具（コンドームなど）を使うと感覚が鈍くなり、快感が得られにくかったり、射精が困難になるように感じる。いくら精子の数や運動率が低いと言っても妊娠する場合もあるかもしれないので、避妊する場合は、コンドーム以外の避妊具や女性の月経周期に注意することが必要と思われる。

　性行為へのモチベーションから、さまざまな姿勢をとることができるようになりたいと訓練に積極的に取り組む方もいる。また性行為を行うことで、身体機能・動作能力面の向上へとつながる場合もある。一つのアクティビティとしてのおもしろさもあるような気がしている。また男女にとっては、スキンシップから始まり、受精へとつながれば、妊娠～子育てという面で、さまざまな喜びを共有できると思われる。私たちはその時間を大事にしたいと思っている。

6．結婚～受精

(1) 結婚に至るまで

　性行為の延長には、快楽のためや子孫を残すために射精がある。その前に、きっと結婚というステップが必要だ。一般的に相手が障害者の場合、親というものは結婚を反対する場合が多いのであろうか。私たちもとても不安な点であった。当時、私は大学生であったが、将来的な結婚も考えていた。結婚して生活していくためには、仕事が必要である。結婚がなかったとしても、一人の成人として仕事をして生きていかなければいけないという強い思いがあったので、就職活動は自分なりに力を入れて取り組んだ。

　妻の両親と会う機会については、付き合っている時に障害者ということを伝えると、不安ばかりが増してしまいそうだったので、仕事が決まった段階で会う機会を設けた。妻の両親に会う前に姉夫婦に会って理解してもらい、サポートしてもらうことにした。そして、当日…。事前に障害者ということは伝えていなかったので、妻の両親は、私が車いすであることを見て、私が障害者であるということを初めて知った。私はあまり物事を深く考えないタイプで、どんな両親だろうという感覚で、少し緊張していたくらいであったが、妻は、きっと一番緊張していたにちがいない。けれども、妻の両親は顔色一つ変えずに、普通の男性として接してくれた。不思議と会話もはずみ、その日のうちに、就職1年目でありながらも結婚できる運びとなった。妻は私の前に付き合っていた健常者との結婚を反対されていたようで、結婚は本当に縁というものなのかなと妻と話している。こんな例もあるということで、あまり、障害者ということ

に臆病にならず過ごしてみてもいいかもしれない。

(2) 結婚生活

結婚してからは、お互いに仕事をしながらの家庭生活で、ぶつかることもあるが、机上の家事は私が、体を動かす家事は妻がというように役割を分担している。妻いわく、何もやらない健常者の旦那さんよりも、最初からできないから自分がやるというほうがイライラしなくていいかもしれない！　とのこと。でも、やはり、介助者である女性は、介助だけでなく家事も多くて負担が大きいのが現実だ。結婚して少し経ってから、子どもを考え始めた時は、そのことが高いハードルであった。仕事に家事、介助に子育てまで加わったら、生活が回るか心配であった。そんな時から、少しずつ、自分でできることを増やしていった。また必要に応じて、両親へ援助もお願いしながら生活を組み立てていった。お互いの両親や兄弟・姉妹、そして職場の方にも理解していただいていることは、本当に大きなサポートで、感謝の一言では言いあらわせない。

(3) 受精に至るまで

そして結婚2年。妻の年齢や、すぐに受精できるかもわからないので、不妊治療を始めることにした。脊髄損傷者の場合、射精が困難であったり、精子自体の問題（数や運動率の低下）が生じやすい。損傷部位や麻痺の状況によって個人差があり、医療機関への個別での相談が必要になるが、経験した中でのことを記してみたい。

私たちの場合は、精子の検査をした結果、精子の数や運動率は低い状態であった。精子自体の問題が大きい場合は、数や運動率を向上させるようなアプローチを行うようであるが、電気刺激で取り出して受精させることになった。一度目は、やはり自然に近い形で妊娠できればという思いが強く、精子を注入する人工授精を行ってみた。しかし、精子の数や運動率が低いこともあり、人工授精では受精はしなかった。また風邪を引いていたためか、精子の採取量が少なく質も低下しているようであった。そして次のステップは、医師に任せて体外ではなく顕微授精を行った。この時は、費用もかかるため、体調を万全に整えて受けた。その結果、幸いにも3つのうち2つが受精して、双子を授かることになった。

通常の不妊治療と同様で、排卵数を増やすための通院は、女性が働いている場合、職場の方の理解が必要となる。さらに、注射（1週間程度）は殿部への筋肉注射のため、痛みを伴う。また、女性側は、月経予定日間近になると期待や不安感などの精神的な面の問題も生じやすいため、お互いの支えがとても大切だと感じた。

7．妊娠〜分娩

私は男性なので、これについては経験できないことであるが、妊婦を支える者としては、重要な存在だと思う。不妊治療の場合、現在は戻す受精卵が原則1個のようで

あるが、当時は3個以内ということもあって多胎妊娠になりやすかったため、リスクが高い妊婦生活になる可能性があった。私たちの場合も双子であったため、二度の出血があり、二回目は切迫流産の危険性により、すぐに入院になってしまった。妻の職場の理解がある中、安定期まで休ませていただいた。安静が必要な妻を送迎したり、寄り添うことで精神的な支えになれたらとサポートした。授かった二人の命、産まれてきてほしいと強く願ってしまうが、リスクが高い状況は出産まで続く。自然にまかせ、妻がリラックスして過ごせるように努めた。自分の生活については、両親にサポートしてもらうことで、妻の心配を減らすようにした。周囲の協力を得ることは、非常に重要であると思われる。

幸い切迫早産の危険性も少なく、38週で無事に産まれた。立ち会っての出産も考えていたが、帝王切開なので残念ながらできなかった。しかし、無事に生まれて顔を見た時は安心し、今までにない喜びであったことは忘れない。

8．育児

双子のために小さく生まれた二人は、約1カ月後、わが家へ退院してきた。双子の子育ての奮闘が始まった。首が座ったり、お座りができるようになるまでは抱き上げることが難しかったので、抱っこした状態で渡してもらうとあやしたり（図7-a～c）、ミルクを哺乳瓶からあげる（図8）などの育児参加ができた。

また、スイング式のラックは、車いすと同じくらいの高さで動作が行いやすく、とても便利であった。お座りができるようになってくると、車いすの上に座らせて一緒に遊んだり、体にベルトを付けて車いすを駆動して楽しませたりもした（図9）。寝返りやハイハイなど動きが激しい頃は、転落などのリスクがあるため注意が必要であっ

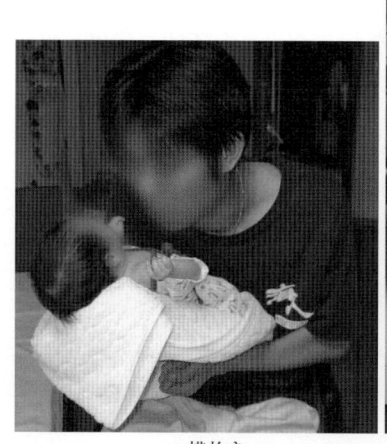

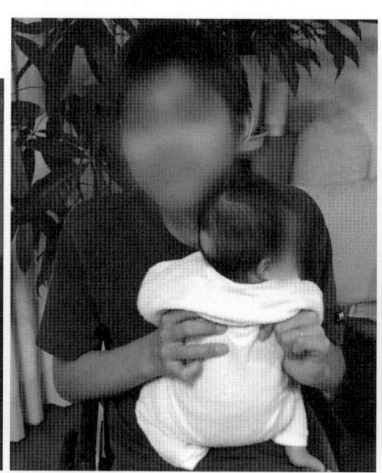

a：横抱き　　　　　　b：縦抱き　　　　　　c：二人を抱っこ

図7　赤ちゃんをあやしている様子

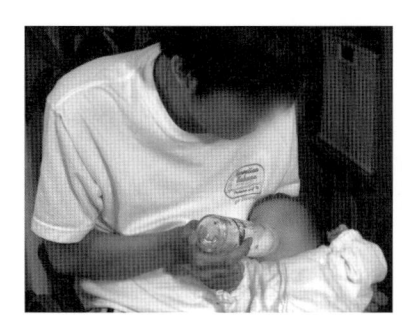

図8　ミルクをあげている様子

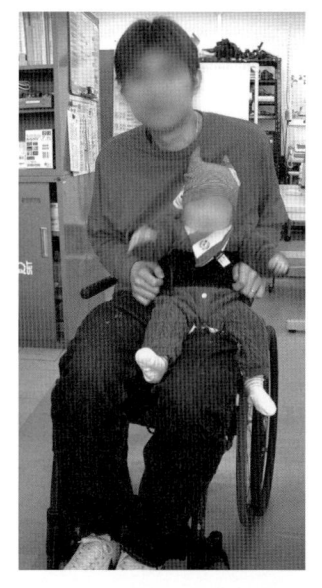

図9　子どもと一緒に体幹ベルトをして車いすでの移動

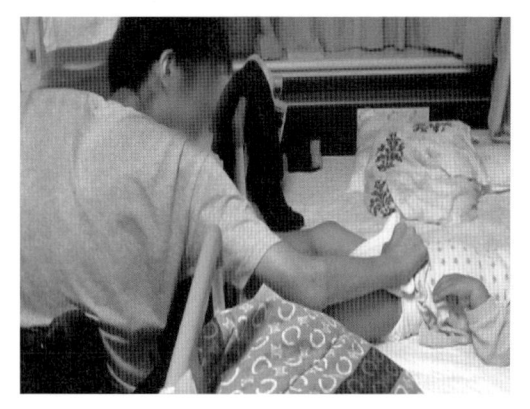

図10　おむつ交換の様子

た。しかし、少し言うことがわかる頃になると行動をコントロールできるので、ベッド上でおむつ替えにもチャレンジしてみた（図10）。私は行わなかったが、頸髄損傷者の方で、浴槽に入りながら沐浴を行ったという方もいらっしゃるようである。現在は2人を連れて、3人で外出も行っている。障害があっても工夫次第で、育児にも参加はできるかと思う。難しい場合でも、親として精神的なかかわりはできるであろう。むしろ、それが一番大事だと思うので、現在もコミュニケーションを大事にしている。

女性が脊髄損傷者の場合は正書をご参照していただければと思う[2]。

●まとめ

　脊髄損傷者の場合、ADL に要する時間や介助状況、性機能の状況によって、当事者は心理面の影響を受けやすいと思われる。お互いが心理的な負担が少なく、満足できるためには、ADL の効率化を図ることや、快感を高められるように，さまざまな姿勢をとることができたり、手が動いて触れることができるようになることは重要である。結果的に、性交の頻度が高くなったり、快感が高まることで、勃起・射精能力が高まり、お互いが心理的負担よりも満足を得られるようになる。

　性交はスキンシップにより心理的な距離も近くなり、日常生活でお互いを思いやる気持ちも高まる大切なことだと思う。不安にならずに、二人だけのスタイルを、楽しみながら作っていけたらよいのではと思っている。

文献
1) 玉垣　努：1 身体障害者領域 3) 男性頸髄損傷者の性機能の改善．OT ジャーナル（増刊号）44：664-666，2010
2) 牛山武久，古谷健一，道木恭子，他（編著）：私もママになる！―脊髄損傷女性の出産と育児．NPO 法人日本せきずい基金，2008

第1章　4 当事者の性活動

3．脊髄損傷

淵延良介（会社員）

● はじめに

　脊髄損傷患者を描いた映画に『7月4日に生まれて』（1989年、アメリカ映画）という作品がある。トム・クルーズ扮する主人公が、ベトナム戦争で負傷、車いすとなり生活が乱れた後、反戦運動に転ずる話だ。特に印象的なのが、主人公らが売春婦を買うシーン。ペニスをつかみ「使いもんにならない」という内容の言葉を叫ぶ。悲しさを呼ぶ光景である。性に悩む脊髄損傷者の姿があらわれている。

　筆者も受傷後、少し落ちついてから映画の内容を思い出し、少し憂うつになった。幸い筆者は、そこまでの症状ではなく、現在はそれなりの性行為は楽しめている。ただ、脊髄損傷者が持つ負の面こそ「性」の問題である。

● 障害者の性の問題

　入院中、退院後も脊髄損傷者間では性の話はタブー視されていた。笑い話的には話しても、夫婦間や個人のことは話さない。また、健常者もその手の話題は避ける。それゆえ、脊髄損傷者は自ら「性」の活動を切り拓いていくしかない。健常者から障害者になった身にとって、とても困難な状態だ。ただでさえ、性的なものはタブー視される社会にあって、ますます社会の片隅に入り込む気がする。また、自分の人生に対し自信を持てない中、パートナーに対し気遣いをするのは、たいへん骨の折れる作業である。まずは、排尿・排便との闘いであり、性は副次的なモノにならざるを得ない。そして、ますます閉ざされた世界へとこもっていく。

　だが、そういった前近代的な障害者の性の問題は、情報技術の発達により変わりつつある。幸い現代はインターネットが発達しているおかげで、ホテル、デートスポット、レストラン、そして風俗店までさまざまな情報が簡単に手に入る。パートナーと出かける不安もリサーチでだいぶ減らせる。性の問題を相談する場がネット上に存在し、匿名で相談もできる。あとは気持ちの問題なのだ。

では、障害者が健常者と付き合う勇気が持てないのはなぜだろう。おそらく、肉体・精神的な側面が問題ではなく、経済的な側面が大きな問題だと筆者は思う。経済力を身につけることは、目標を設定し克服することにつながる。自分で稼ぐ力がある人間はその過程で多くの出会いが待っている。必然的に一般社会の中へと入っていける。一般社会に入り活動をすれば、障害者であるメリットも出てくる。
　例えば、障害を持ちながらも仕事をこなすことで、一般の倍以上の隠れた評価を受けることができる。また、遠慮せず女性にも手助けをお願いできる。この点が、非常に重要だと思う。きちんとお願いのできる男性、暴力を振るわない男性、頑張る男性。女性にとって、ある意味好ましい男性像である。また、自分の手助けを必要とする人だというのは、女性にとっても自己実現を果たせるパートナーであるという側面がある。
　したがって、まずは勉強して働くことがパートナーを手に入れる近道である。おそらく、女性の障害者の場合も同様だと思う。現代ではITの発達により、肉体労働でなくてもできる仕事は数多くある。稼げない、努力しない男性は、健常者・障害者問わずパートナー獲得は困難であろう。後は、10回くらい振られる覚悟でアタックを続けることだ。世の中には障害者でもかまわないという女性、男性も大勢いる。要は、社会人として活動すれば結果は自ずとついてくるということである。
　ちなみに、『7月4日に生まれて』の主人公も、自信を持つことで新たな出会いを構築していく。映画『チャタレイ夫人の恋人』（1993年、イギリス映画）でも、車いすの男爵を捨てる嫁があれば、拾う寡婦もいる。自信を持って生きていける経済力があれば、自ずと道は開けるはずだ。

● 性行為の実際

　では実際の「性行為」についてだが、これはシンドイの一言に尽きる。問題は3点。「体力」「体温」「排尿」である。

1．体力

　まず「体力」であるが、脊髄損傷者の「性」行為は常に女性上位でしかフィニッシュできない上、時間がかかる。前戯を頑張ろうものなら、もう筋トレだ。汗だくになりながら、片手で体を支え、残りの片手で行為をするのは過酷である。ゆえに、どこかの段階で自分たちなりの「性」を身につけなければならない。コスプレ、ポリネシアン・セックス、キス・オンリーでもよい。とにかく、疲れないやり方を探すことがポイントだ。道具に頼ってもよいと思う。例えば、ジェルを使うと楽に行為も進む。まずは、パートナーと恥ずかしがらずに相談して二人でオリジナルの「性行為」を構築するしかないと思う。
　普通の「性」行為は、特別な時にすることにしてみるのも一つの手段だ。世の中に、

セックスレスの夫妻は健常者でも大勢いる。要は、無理をしないことである。無理をすれば相手にもそれが伝わるし、もはや義務としての「性」になってしまう。

2．体温

次に「体温」であるが、これは男女の体温差が問題となる。脊髄損傷者は体温調節が困難なうえに熱がこもりやすい。褥瘡予防のマットなどは、やわらかいうえに熱がこもりやすい。ゆえに脊髄損傷者は比較的冷気を好む。しかし、女性は冷えを嫌う。したがって、個人的経験では「性行為」と睡眠をうまくコントロールできるような空間、例えば別々のベッドが望ましいと思う。

3．排尿

三番目に「排尿」であるが、興奮すると出やすい気もする。前戯がある程度終わった段階で一回処理するのが得策だ。恥ずかしがらず、サッサと処理をする。ついでに必要ならスキンを付ければ問題なしだ。

● おわりに

とりあえず、若い人には興味のある「性」活動を二人で相談し、どんどん試してみることを勧める。二人で築き上げる「性」はうまくいけば楽しいし、絆は一層深まる。逆に年を経ると「性」は負担になりやすい。興味があるうちに告白し、「性」を楽しむ。それは、健常者も障害者も関係ないことだと思う。自分の性癖を知り理解してもらうことが、脊髄損傷者の「性」の第一歩だろう。障害者にとって大切なことは常に「必要以上に恥ずかしがらない」、これに尽きる。もちろん「性」においてでもある。最後に一言、「求めよ、さらば与えられん」の精神を持とう。

第1章 ④ 当事者の性活動

4．関節疾患

長崎圭子（フリーキャスター兼イベントプロデューサー）

● 私の障害

　私は現在、49歳。右足の3関節が動かない状態で、装具と杖を使い、少しは歩けるものの、長距離歩行が困難なため移動の時は電動車いすを使用している。19歳の時に交通事故に遭い、骨盤骨折。4年の入院中、8回手術した。半年後には退院できる診断だったのだが、手術した部位が炎症を起こし化膿していく骨髄炎を発症し、その炎症部位をどんどん削るために何度も手術。最終的には右股関節を丸ごと除去し、大腿骨を骨盤にくっつけるという荒技？　で治癒したことになった。

　当時、私は四国に住んでおり、その地域の医療水準がどれくらいのものか、知る術がなかった。二十年余を経て、今、大阪という大都市で生活するようになって、かかりつけ医を作った時に言われた言葉を思い出す。「大きな病院にいたらねぇ、30年前でも、もっとましな処置ができたのでは？」。「地域間格差」、この言葉をさまざまなシーンで実感することになったのは、大阪に出てきてからだった。

● 性行為

　23歳で退院した後、障害者雇用枠で一般企業に入社、その間に何度か恋愛もした。問題なのは、恋愛し、人を好きになったら、その先に障害があろうとなかろうと、その人と肉体の交わり、ストレートに言おう、セックスしたいという気持ちがわき上がってくることだ。

　ハンディは行為に及ぶ時にあらわれる。私の右足は開かない。膝もまっすぐ伸びたままで動かない。そんな中、恥ずかしながら、障害者となって初めてそういう雰囲気になった。事前に相手には「足が開かないので、セックスはできないかもしれない。障害者となって試したことがない」と伝えてあった。

　結果はみじめなものだった。お尻の下に枕を当ててみたり（腰が浮いて挿入しやすくなると思った）、横向きになったり（寝たままバック）、私が上に乗って（右足が曲

がらないので左足をベッドの下におろし、片足で体を支える。変にねじれるようで腰がすぐ痛くなったので断念）みたりした。そして夜が明けた。気まずい空気が二人をおおう。それはそうだ。ヤル気満々でいざ事に及んだらできませんでした、ではお互いしこりが残るわけで…。その人は事前に知っていたとはいえ、私が普通にセックスできない体だということを身をもって体験したのだ。そして連絡は途絶えた。ああ、私は一生セックスできないんだ、という思いにしばらく落ち込んだ。こんな時、皆さんなら、誰に相談するだろう？　友人？　医者？　理学療法士？　作業療法士？　当事者団体？

　当時、リハビリテーション（以下、リハビリ）といえば医療モデル、いわゆる「どれだけ障害を少なくするか」ということがテーマで、関節が動かないなら手術して可動域をひろげようとか、そういった数値化されたものがすべてだった。現在のように「障害者のQOLを高めよう」ということは考えられていなかった。リハビリという名のもと、どれほど苦痛のみを感じる時間を過ごしたことか。固まって動かない膝の可動域をひろげる手術を受けた際には、ベッドのそばを人が通るだけで全身を錐で貫かれるような痛みに襲われた。理学療法士は、関節が腫れていても、ぐいぐい曲げていく。痛さで叫び声をあげてもやめない。気が狂うかと思った。「もっとがんばらないと！　膝が曲がらなくて困るのはあんたや！」という理学療法士には、とてもじゃないが、自分の生活の細かいことを相談する気にはなれなかった。

　最終的には「日常生活がリハビリになります」という医師の言葉で、納得しない思いを飲み込んだまま退院した。社会復帰しながら、すべてのことを手探りで自ら切り拓いていく道しかなかった。

　そういった経験もあり、理学療法士に「性」のことを相談するなど思いもよらなかった。男性ばかりで女性の理学療法士がいなかったというのもある。作業療法士も存在せず、同じ痛みをわかち合える障害者の自立生活センターすらなかったように思う（何年かして自立生活センターを訪れ、いろいろ話をした時『恋愛していますか？』と聞いたら『そんなもの自立の妨げになります』と言われ、あぜんとしたものだ）。悩みを誰にも相談できない絶対的な孤独。医師にも見放された（と感じていた。性についてのアドバイスを受ける雰囲気ではなかった）。私は、性について考えることをやめ、ボランティア活動とか、仕事とか、そういったものに熱中し、欲望が高まると自慰をしてそれを押さえるという生活が続いた。

● 転機

　時は流れて、ボランティア活動などをしていることが、あるテレビ局の目にとまり、私のドキュメンタリー番組を作りたいという申し出があった。何の気なしにOKすると、でき上がった番組を見たプロデューサーから「四国に埋もれてないで、都会で仕事をしないか？」とのお誘いがあった。これを逃せば、田舎で一生を終えてしまう。自分を変えたいという思いや、もっと広い世界を見てみたい、さまざまな焦りに背中

を押されて、四国から大阪へと仕事の場を移した。

　そこで出会った13歳年下の男性と恋におちたのは間もなくのこと。セックスを23年間していないこと、ずっと一人で生きてきたことなどを話すと、試してみようと言う。何度も絶望を味わってきたので、もう傷つきたくないという思いと、自分を変えたいのなら今が最後のチャンスだという気持ちが心の中でせめぎ合う。結局、ベッドを共にした。

　1回目は、何時間がんばっても挿入に至らなかった。しかし、彼はあきらめることなく、再度日を変えて挑戦。いろいろ体位を変えるうち「AV」のように女性が大きく足を開くことをしなければいい。私は足を伸ばしたままでいい。パートナーの左足を私の動かない右足の外に出せば（男性は少しガニ股のようになるが）、痛みもなく挿入できることがわかった。できてみれば簡単なことなのに、ここに至るまでの道のりがなんと長かったことか。そうして、私は20数年ぶりにセックスをした。長い長い空白の月日だった。失われた時間を取り戻すかのように、抱き合った。受傷部位が骨盤近辺だったことが関係あるかどうかわからないがAVのように「イク」ことはなかった。それでも、好きな人に抱かれる安心感で幸せだった。

　また小さい10cm四方のクッションを背中に置けば、自分で体位変換できない私でも寝たまま後背位ができる。腰の下に置けば、より結合が深くなることなどがわかり、インターネットで「四十八手」を調べて、どれができそうか挑戦してみたりした。できる体位が少ないぶん、彼を喜ばせるためにオーラルセックスなどにも挑戦してみた。しかし、最終的には、セックスに気を遣わなくていい健常者のもとに去って行った。

● 今思うこと

　障害者となってから、当たり前にセックスするまで、なぜこんなに時間がかかったのだろう。今一度、原因を探ってみて、今後、皆さんが同じ過ちをおかさないことの手助けができたらと切に願う。

1．医療機関の認識（20年前のこととして）

　入院していた病院では"治療すること＝障害を少しでも軽くすること"がすべてだった。リハビリもしかり。そこには私が一人の女性であることへの配慮はなかった。あくまでも障害は残ったけれど歩けるようになった、万々歳、という意識だったと思う。性について話し合ったのは1回のみ。「私は子どもを産めますか？」「難しいかもしれないね。妊娠までに至るかどうか、わからない。また今までに投与してきた薬やこれから飲む薬剤、浴びてきたレントゲン量などを考えると、障害児が生まれる確率は高いし、妊娠できても、帝王切開になることだけは間違いないね」。

　平気でそう話す医師に嫌悪感すら覚えた。この人は、自分の娘が同じ状態になっても、同じ言葉を「今日の調子はどうですか」と聞くかのように言えるのだろうか。理

学療法士も同じだ。私がどういう生活を送るのか、今後は洋式トイレでないと使えない、畳に座ってこたつに入ってみんなでわいわいするということもできない。寝る時はベッド、座る時は椅子という洋風の生活になることや、家をどう改善したら動きやすくなるかといったアドバイスすらなかった。膝関節が30度動いても、洋風の生活を続けることになんら変わりはない。私の立場に立ったアドバイスはなかった。

障害者団体も同様である。先にも少し書いたが、「自立の妨げ」とまで言い切った当時の自立生活センターの人と交わる気にもなれない。

すべての医療者に問いたい。自らが同じように障害者となった時、または家族がそうなった時、どうするだろう。さまざまな文献を調べたりして、よりよい生活を送れるにはどうしたらいいか、必死に考えるのではないだろうか。それと同じように、親身になって、その人のこれから続く何十年もの人生を一緒に想像したことがあるだろうか？ いかにその人らしく生きていくかを、心を寄り添わせて考えたことがあるだろうか？ 誰か一人、当時、そんな人が身近にいたら、私の人生は、大きく変わったはずだと今も思っている。

最近になって「QOL」（生活の質）という言葉も定着してきたかに思えるが、社会はいまだ障害者がセックスするなんてと、下世話な視線を送ってくる。ならばそういう人に問う。あなた方はセックスしないのか？ 性欲はないのか？ そんなはずはないだろう。障害者がもっと堂々と「性」について語れる日が来てこそのノーマライゼーションだと思っている。

2．日常の当たり前を支える医療を

私はこれから「更年期障害」の時期に入る。そして「熟年」と呼ばれる世代にも。今でこそ、週刊誌に「熟年の性」といった特集がみられるようになったが、それまで熟年世代はセックスしていなかったのだろうか？ そうではないだろう。ひそかにだが確実に、その年代や好みにあった行為を行っていたはずだ。少しずつ、当事者が発言していくことで認知されてきているのだと思う。

私はこれからもセックスをする。現在のパートナーの理解のもと、お互いに相手を心から愛するという思いを込めてセックスする。そしてもっと性について話そうよと当事者に働きかけ、医療者とは、当事者の苦しみを語り合い、一緒に体位を開発していくくらいの気持ちでいたい。日本全国、どこに住んでいても、同じような医療を受け、その人の生活のあらゆる場面＝トイレ、食事、睡眠、遊び、性、それらの日常を当たり前に送るにはどうしたらいいかを一緒に考える「医療職」であってほしいと心から願う。失われた私の23年をムダにしないためにも。

あと一点。インターネットなどによって安易にAVが見られるが、あの性行為がすべてだと思っている男性が増えている。あれはあくまでも演技だったりするものなので、きちんとした性教育をすべての人が受けることが望ましい。私の苦労した、「女は足を開くもの」という点。それこそ男性の思い込みではなかったか？ それはどこから

きたか？ AV、週刊誌などのマンガ……いわゆる男性の願望である（もしも私がAV監督だったらまったく違う映像を撮るだろう）。女性だけが奉仕するものはセックスではない。そういった「気持ち」の部分も含めた性教育は、きちんとされるべきだと感じている。

第1章 ④ 当事者の性活動

5. 先天性多発性関節拘縮症

門間健一

● はじめに

　このような機会に関わることができたことに感謝するとともに、少しでも障害を持つ者のことを認識していただければ幸いと思います。

　まずは簡単な自己紹介から進めていければと思っています。氏名は門間健一、年齢は40代、出身地は北海道函館市、現住地は東京都にて介護スタッフたちのサポートのもとで独り暮らしをしています（**写真**）。障害名はarthrogryposis（先天性多発性関節拘縮症）という名称になります。この障害はいまだに解明されていない部分はありますが、あくまで推測の域を出ない話になります。出生前になんらかの要因で母胎内での発育不全により、一般的な胎児に比べて、骨の密度や筋肉の発達が異なることでの形成不全や筋力の成長がしづらい身体なのではないかと思います。

　私の身体的な状況は各関節の変形や股関節が曲がらないため座ることができず、日々うつ伏せの状態でベッド上、もしくは特製の電動車いすを使用しながら生活をしています。

● 私の性との出会い

　さて小難しい話は、この辺にして「性」についての自身の事柄を話したいと思います。私が「性」を意識し始めたのは、小学校の高学年くらいではないかと思います。物心つく前から施設に入っていたので、同じフロアで同じくらいの年代の人たちが集まっていたこともあり、あまり意識することなく無邪気に遊んでいたのが、月日を重ねていくたびに女の子から女性へと変貌することに、私自身の意識の中で、どのように接してよいのかがわからなくなっていくのと同時に、自身の身体的にも変化が今後の私にとてつもない悩みを抱えていくことになります。

　私が「性」の悩みを語り合えることができる環境でもなかったので、女子とジャレ合うような雰囲気をかもし出した日には施設の職員から叱責され、時には偏見の目を

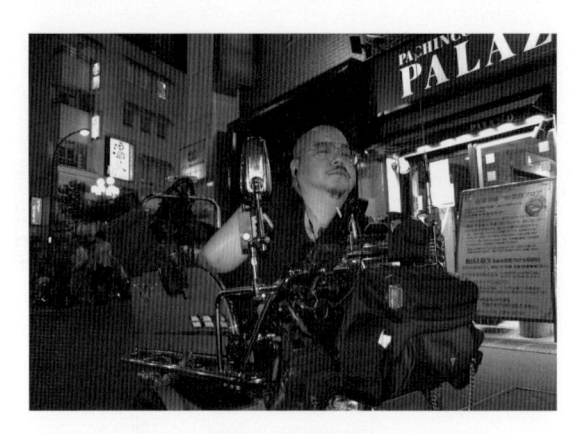

写真　筆者近影

向けられて良し悪しも判別ができない子どもに対して「障害があるから、相手にしてくれるお人好しはいないから無駄だ！」と言われ、その場ではピンとはこなかったのですが、思春期を迎える頃には言われたことの意味がわかったので、怒りと憎悪と世の中に対して負けたくないという意地が芽生えたのを、印象的に覚えています。

中学生の頃から、大部屋から4人部屋になり、同室の先輩たちからお古の本を譲り受け、エロい内容に興奮し驚き、時には関心できるような記事の中に男女の身体と性について掲載されていたので、自身にとっては良い意味で知識を吸収することができたと同時に、事が成せるのかという不安が頭の中に渦巻いていきました。

知識を蓄えていく過程で衝動が抑えきれず実践してみましたが、いざマスターベーションに挑もうと身の回りのものを使っていろんなことを試しましたが、自身の障害という壁にぶつかり、心が折れてしまい、歯がゆさと絶望感を抱えて時を過ごしましたが、若さゆえに身体の反応は抑え込むことはできませんが、精神的には"忍"の一字を刻むことで少しでも心にかかる負担を抑えたというのが本音でもあり、そうせざるを得ない状態に自然に追い込まれることになっていきます。

● 性体験と生きる充実感

10代の後半に恋をし、お付き合いを重ねていく中でセックスをすることになりますが、その時もお相手の思いやりと粘り強さに助けられながらも、成し遂げた時には充足感と心地よさと同時に目頭が熱くなり、涙が頬を流れ落ちた時は胸の奥に凝り固まったものが取れ、なんとも言えない幸福感を実感したのを覚えています。

いろいろな経験という名の年輪を重ねて、20代の後半くらいに独り暮らしを果たして、日々の物事に振り回されながらも少しずつ順調に進んでいきましたが、私自身の進んでいく方向性の軸がぶれてしまい、先が見えなくなったのもあったので、再認識するために引っ越しをし、新たな生活が落ちついた頃合いの30代前半に、ようやくパソコンを使い始めることによって、私自身の情報の貧困さを思い知ることになりまし

た。

　ネット上で障害者というキーワードで検索をかけ、膨大な結果の中からいくつかの障害者対応風俗（ソープランド、ホテヘル、デリヘル、etc）の存在を知り、店に問い合わせ、候補を絞りました。自身の欲求には貪欲であったため、私の生活状況を考慮したうえでデリヘル（デリバリーヘルス；派遣型の性サービス）を利用することにしました。初めての時は不安や戸惑いなどいろんな感情が駆け巡りましたが、慣れていく中で、店の女の子たちもいろいろなタイプがいて淡々と流れ作業的に、その場をこなしていく女の子や、話し上手でその場を盛り上げてくれる女の子など、一期一会かもしれない瞬間に携わっていってくれることが嬉しくもあり、また儚く貴いからこそ、純粋に追求していく中で楽しめました。たまに飲み屋に行くかのごとく変わらない日常の一部分になっていきました。

　いろいろな人たちと関わることで、多様な関係性が広がっていくのが良い意味でも悪い意味でもたまらなく面白く、生き抜いているという充実感を持てる瞬間ではないかと思っている今日この頃です。

　最後に、これは個人的な感想になりますが、障害者の性を語る中で射精行為が浮き彫りになりがちですが、メンタル面でのフォローやスキンシップも重要なのではと思うと同時に、個々のケースに則したうえで自己尊厳や自己実現を達成するために、障害当事者とその周囲の関係者が認識し合った形で進んでいければと思います。

第1章　④ 当事者の性活動

6. 先天性多発性関節拘縮症

すがやあゆみ（マルチネットアイドル）

● すがやあゆみ、マルチネットアイドルはOLで主婦

　結婚3年目。1年間の中距離恋愛を経て、あたしたちは、まだまだ家族になりきれない未熟な恋人夫婦である。だけど一歩ずつ、家族になりたいと、願っている。健常者と呼ばれる3つ年下の彼は大手のサーバー関係企業のオペレーターでシフト勤務、先天性多発性関節拘縮症のあたしは結婚後の今も新聞社へ勤務し、共働き。彼との間には、朝昼晩とヘルパーが入れ替わり立ち替わり入ってくる生活。その、隙間時間が夫婦の時間となる。

　仮死状態で出生したあたしはすでに障害があり、『先天性多発性関節拘縮症による両上肢機能全廃および四肢筋力低下』の1種1級と判定された。10万人に1人、ましてや同じ状態のカラダの人なんて、もっといないから、なかなか会うことはできない、そんな、あたしが産まれた。1歳半で両下肢の内反足外科手術をし、水泳などを行って独歩可能となった。手首や指は曲がっていて（**写真1、2**）、腕はおへそまでしか上がらず、肘も曲がらない。ひざが曲がらず、足首は固まり、足指も拘縮していて、歩く

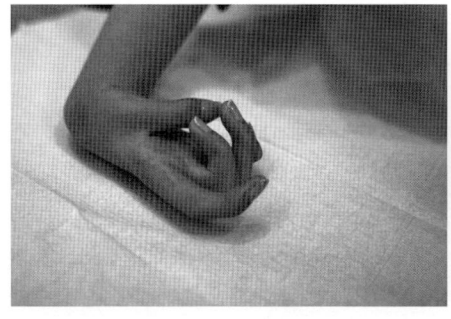

写真1　手の状態
拘縮の強い手（右手）。左手のほうが少し広がっている

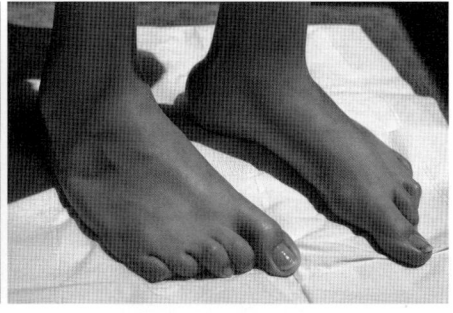

写真2　足の状態
親指のみ筋を切っているため伸びている。他の指は爪の部分が床についたまま曲がっている

写真3　ひざを曲げずに足を振り上げて歩く姿

姿はペンギンスタイル（**写真3**）。そんな足の力は少しずつ弱まってきていて、あと数年で歩けなくなると主治医からも言われており、車いすを押してもらって移動することも増えている。

　一般幼稚園から市立の養護学校に12年間通学。高等部を卒業後、県立・市立のリハビリ施設を2カ所、地域作業所を経験した。超がつくほどド貧乏な母子家庭に育ったあたしは、これから進学を控える妹2人のためにも、就職しなくてはならなかった。必死の思いで約30社の就職活動を経て、2002年障害者合同就職面接会で、新聞社のバイト雇用された。現在は契約社員となりwebデザイナーとして業務に関わる。

　すがやあゆみ。

　マルチネットアイドルとして紹介されて10年（http://www.ayumism.com）。モデル、講演活動、トークショー、作家業、整理収納アドバイザーとして、日々をこなし…そして、障害者として生きてきた、この30年。女性である前に、女の子である前に、あたしは、障害者として生きてこなくてはならなかった。街でも、病院でも、学校でも、職場でも…恋愛でも。

●障害者であること・オンナであること

　産まれてこのかた、このカラダ以外を知らないと、特別に便利な状態もわからなければ、すべてが不便であることからが始まりなので、工夫という工夫が、実に自然なことになってしまっている。そんなあたしが、家では、お姉ちゃんとして、娘として、『オンナ』として日々の生活をすることができても、1歩外に出て障害者として生きていけば、『オンナ』である部分を押し殺して、感覚を麻痺させて生活しなければならない時が、多々ある。好きでもない男性にご飯を食べさせてもらったり、抱きかかえてもらったり。ヘルパーに、生理のトイレ介助がイヤだとか、陰部や洗顔時に唇を洗いたくないとか、気持ち悪いとか言われたって、耐えなくてはならない。裸だって、必要以上の人に触られるのだって、見られるのだって、いやだ…と思っても、それを拒めばお風呂にも入れなければ、オシャレをして外に出ることも許されない。それは、自分が『オンナ』であることを押し殺さなくては"生きていけない"から、この1点に尽きる。

　だけど、障害を持つ女性には、それでも、イヤというほどカラダが『オンナ』であることを訴え続けてくる時がある。
　障害を持つ女性って『生理』は、ないんですか？
　なんて質問をされたこともある。
　その答えは「あります。」
　子宮だってちゃんとあれば、生理はくる。わが家は、あたしに障害があろうが、「オンナは血が出るものです」といって、子どもの時から、母とお風呂やトイレに行っても、生理の存在について刷り込まれるように話されてたし、あたしにも当たり前なことだと育てられていた。しかし、そういったことを知ることさえ、当たり前ではないのも、障害者を取り巻く世界となっている。
　ものすごく昔は、障害者は殺されてしまうことも多かったようだけど、ごく最近まで、幼少時に子宮摘出、大きくなってから子宮摘出…なんてことが普通だったと聞いたことがある。今もある、なんていう話も聞く。その理由は、もちろん障害者が『ひと』であり『女性』という性を持った存在であると尊重されていないことが根底の理由だろうが、1. 生理の大変さ、2. レイプされたら困るから、なんていう理由もあるそうだ。そんなこと『オンナ』であれば、誰でもある可能性だと思う。

　あたしの場合、普段の外出は自然にトイレに行く回数を減らすように、水分摂取の調整は当たり前だった。便秘気味だったし、外では精神的に無理だったし、家では母の介助があった。だから自力でトイレに行って、すべて終えて戻ってくる工夫ができていた。しかし、体が小さいこともあって、中学生から生理が始まって、その対応ではできなくなり、結局、また介助される…という日々に戻った。

そこで、まず、問題を考えた。(1)通常よりシッカリ拭き取ること、(2)生理用品の交換、(3)なるべく汚さないで下着をつけること。
　(1)に対して手っ取り早いのは、シャワートイレ。そうすれば(3)についてもクリアできる。Iラインの脱毛をしたことも、下着や周囲を汚しにくいように、介助を受ける時も受けやすいように、過ごしやすくするために、やってよかったと思う。シャワートイレは、家にはすでに小学生の時から取り付けてあったし、学校にもあった。

　外ではトイレの形状もさまざまで、困ることにぶつかることも、しばしばある。最近はきれいな施設なら、だいたい見つけられるけど、車いすトイレに、シャワートイレはなかなか設置されていない。理由は、車いすトイレにあると普通トイレにあっても管理が大変であることと、下肢に感覚のない人の火傷の恐れだそうだ。リモコンなどのスイッチが遠いと、使うにはまたハードルが上がる。そんな時こそあたしは、普通の洋式女子トイレを探す。それでもスイッチが遠い時は、携帯電話を口に加えれば、多少の遠さもカバーできたり、トイレは場所ごとに工夫の連続。汚物入れはトイレに入った瞬間に、便座横に移動させることを忘れないようにする。ただし、車いすトイレには汚物入れがないことが多い。いつか問い合わせたら「汚いから」と言われたけれど、女子トイレに行ったら設置されている。こういった部分でも、いまだ障害者は『オンナ』として意識する場を奪われ、『オンナ』として否定されていると感じる。
　問題は(2)だった。タンポンは絶対に自分ではできなかった。1. 該当する場所へ手が届かない、2. 力が必要、3. 開けられない…ほかにもいろいろ問題はあると思う。そこで、選択肢は紙ナプキンしかなかった。サニタリーショーツはピッタリしすぎて、あたしの力では着脱できず、使えない。そんな時は、なるべく肌触りがよくて汚れたとしても仕方なく、両面テープがしっかりとくっつきそうなものを選び、その上にショートレギンス（チャックをつける工夫有）をはいて、ナプキンのズレ防止にする。足を横にふりあげて歩くから、真ん中にヨレて、お尻に集中してズレてきて横漏れする。羽つきが必須になる。また夜用などの後ろ漏れをお尻までカバーする大きいものは、両面テープの部分が大きくなり、力のないあたしは下着から外せなくなってしまう。だから多い日は、羽根つき普通サイズのナプキンを前後に重ね、両面テープの抵抗を軽減しつつ、横漏れと後ろ漏れ、さらに下着の気づかない汚れがつかないようにして、基本的に前側を頻繁に取り換える。欲を言うなら、布ナプキンのように、羽同士が重なるくらい羽部分が長く、もっとしっかり止まるようになってほしい。
　そして、パッケージの開封。ビニールパッケージでは開けられない。量が少なく、家にいる日は布ナプキンで、外出時や量の多い日は、両面テープに和紙っぽい素材のパッケージで、羽部分のテープまで一気にはずせるものを使うようにする。空中での作業が難しいために、新しいナプキンは口にくわえてから着座する。
　生理だからって、何日も仕事を休むわけにもいかない。デートを諦めるなんて、ナンセンスすぎる。

養護学校の教育の現場では、性教育は学習指導要領に盛り込まれてもいなければ、障害児が知識として得る機会は断然に少ない。生理の存在さえも。しかし、一般の学校に通っていたら、保健の授業や、社会にある情報や、友だちの刺激などから覚えていくし、AVから学ぶセックスというのも、多いとは思う。が、障害者には本屋さんもレンタルショップも、羞恥心を越え、人の手を借り…それならばハードルの高い情報を得なくてもよくなる。しかも、親兄弟の手を借りざるを得ないことが多いわけで。情報として手に入れることは、かなり困難がある。そうなると欲がたまり、街で女の人に抱きつく人も出てくる。それはひとえに、自分で処理できないなどなどもあるけど、知らないということ、教えてはいけないことという概念の怖さだと思う。
　幸いにあたしや同級生は担当教員の方針で、"障害があるから"と特別な授業ではなかったけれど、コンドームを持ってきて、生徒たちに触らせ、つけ方も目の前で模型を使って実演。自分でできなくったって、ちゃんとパートナーと話し合って、伝えられるようになりなさい…と、伝えられるというのは、食事や上着の着脱介助の依頼と一緒だ…と、身を守ることを主軸に、細かに授業を受けた。一般社会から隔離されている養護学校に通う障害児たちにとって、当時、自らの力でも、与えられることでも、性の知識や情報に触れることは、大変難しかった。だからこそ、あたしたちの受けた授業は、必要なものだった。当時のあたしには恥ずかしいのもあったし、現場に出くわさないだろうと思った。だけど、知らないということは、残酷な結果も生むことがある。知的障害の人で、知らぬ間に妊娠してて、堕ろすという選択肢がない時期まで気づかれずにいて、親御さんの養子になった…なんていう話も聞いたことがある。セックスに対する知識もなければ、生理がこない、その証拠でもある汚物入れにもゴミがたまらない状況に、家族も興味がないせいか、妊娠なんてありえないという、思い込みからなのか。

　当たり前に、人を愛することさえも、その方法も、タブー視されたことで、『オンナ』として生きることを、教育現場からも、社会からも、人として、否定をされているのかもしれない。こうやって否定されることから始まって、いつも他人の顔色をうかがい、切り拓く力がなければ、何も実現されない。例えば、服を選ぶこと、髪形を変えること、下着ひとつを選ぶこと、自分をよく見せようとすることも、誰かに「おうかがい」を立てなくては実現ができない。自己の確立をしていく思春期の中で、そして、社会に出ていく中で、理解者がいなければ、あたしは実現できない。目の前にいる家族も、ヘルパーも、当たり前のようにミニスカートも選べれば、髪を染めることも、メイクをすることも、選ぶことができるのに。あたしは、してはいけないのだろうか？
　人の力で実現させることは、悪いことなのだろうか？　成長していくうえで、自立するために妨げでもあり、必要以上の葛藤と努力に思える。
　個人が『オンナ』であることを尊重されたうえでの「選ぶ自由」は、今もない。
　本来なら、人として向上していくためなら、『オンナ』らしくありたいと思う気持ち

も、実現できるための環境も、ずっと求めてもいいものなのだと思う。そして、『オンナ』らしくいることや、『オンナ』として向上し追い求めることも当たり前で、そこに"かかわらせてもらう"といった思想が、人生のサポーターとなる介助者や関係者にあれば、きっと違うのだろう。
　しかし、現実は尊重という名の建前だけを振りかざし、最低限の「死なないように、生きぬように」を目指す生活までしか、容認されていない。建前だけではない、本当の個人としての尊重される生活なんて、現実ではあり得ないのだ。
　しとやかに、愛らしくありたかった。あたしが、こんなに必死になって環境を切り拓き続け、精神的にボロボロな生活をしていなかったら。『オンナ』として尊重されることが、当たり前だったら。ひょっとしたら、もっと愛らしい性格になれたのかもしれない。

　だけど、恋をする。
　あたしは、中途障害でもないから「こうだったのに！」と、悔しくなることも少なければ、男性ほどの「こうしたい」という性欲もない。だけど、好きな人に、愛する人に、抱かれたい。ぬくもりを分け合いたいと、思う気持ちはある。『オンナ』として見られたい。愛されたいし、愛したい。与えられるだけなんて、つまらないものではなくて、与えられる存在になりたい。それは、社会生活上の「障害者は○○してもらうもの」という観念や、日常生活に相反することで、ストレスと葛藤の日々になる。だけど、この気持ちを押し殺したら、それは、自分からバリアを作ってしまって、恋愛も、セックスも、できない。

●恋、愛、結婚…責任

　今まで付き合った人の中で、良くも悪くも"何も気にしない人"が、結婚相手となった。「トイレで３０分出てこなかったら、コケてるから助けてね」が、合言葉のあたしたち。旅行に行った時、急に生理になってしまい、同じ部屋の中、トイレの外で待つ彼は、水がたまに出る音がしたのでしばらく放置。だけど、さすがに１時間なので心配して様子をのぞくと、ホテルで血の付いてしまった下着を洗うのがすごく大変で、ユニットバスの洗面台で１時間格闘していた。恥ずかしくて「洗うのを手伝ってほしい」と、言えなかった。彼は全然気にしないで洗ってくれたけど、恥じらいを感じることだって『オンナ』であることを、さらに意識させる。普通に喧嘩をして、愛し合って、プレッシャーが押し寄せる日々があった。それでも、彼と交際を始めて１年後、かなりの勢いで結婚をした。
　結婚してすぐは、精神的にも体力的にも慣れるため、低用量ピルを服薬していた。PMSにも多少の効果はあるし、生活のコントロールができる。だけど、筋力がなく血管の細いあたしは、長期にわたった服用はできない。そして、結婚をして、避けて通

ることはできないのが、出産のこと。街の産婦人科では相談をする前に「性交渉はしたことないと思うから、そっちの検査はしなくていいね」と言われた。妊娠準備のための、スタートラインにも立てないのが、重度障害者なのか…。それでもあきらめたくなくて、数件の産婦人科を回ることになり、理解のある先生に紹介状を書いてもらい、ようやくたどり着いたのは、思春期の頃までお世話になった県立病院だった。検査は順調にすすみ、妊娠したら、またお世話になることになった。思春期に整形外科の主治医に聞いた話は、「赤ちゃんは産めると思う。遺伝する確率も極めて、ない。ただし、あゆみちゃんの体が持つか、体力的に子育てできるか…そこはわからない」そう、言われていた。そのままを、彼の両親にも伝えた。聞かれる前に、自分からきちんと話すこと。それが、障害を持つあたしが、嫁ぐ責任の1つだと思った。そして、今も、2人の新しい家族を待ち続けている。

この結婚生活の前例は、周囲にはなかなかない。わからないことも、不安に思うことも、相談できる相手も、場所もない。だけど、結婚し、恋人から家族になっても、『オンナ』として、彼に見られたい。髪を伸ばして、ふわふわしたスカートを履いて、すっぴん美人を目指して日々のスキンケアをし、つるつるの肌になりたくて脱毛に通い、スタイル管理をして、彼好みでいたい。こんな努力は、障害があることは関係ないけれど、当たり前に自分を磨くことが特別ではないということになれないのも、障害者である。生活に密着しているヘルパーに「気持ち悪い」と言われ続けていても、介助者として彼を、お風呂やトイレに、入れたくない。スキンシップで一緒にお風呂に入ることはあるし、旅行に行ったり、必要に迫られて、どうしても頼むことはあるけれど、人とは違う特殊な生活でも、『オンナ』である以上は、常に努力は必要だと、まだ、あたしは思っている。それは、彼に、必ず伝わってくれていると信じている。

● 勇気、愛するこころ、そして伝える力

毎日、2人は『オトコとオンナであること』を確認する時がある。「おはよう」「行ってきます」「おやすみ」…キスをする。もちろん、夫婦だし、セックスもする。次の日にヘルパーがいつ入るか、シフトはどうなっているか、きちんと確認してから、大切にお互いを確かめ合う。

初めて一緒に入るお風呂は、自力で洗体もできないから恥ずかしいし、着替えさせてもらうことも、ましてやブラジャーを着けてもらうことなんて、まず、経験もないだろうから、恥ずかしくて仕方がなかった。これを乗り越えられるのは、自分が甘え上手になることと、彼からのやさしさしかない。あたし自身は、このカラダだからといって、困ったことがない。ひざは曲げられないし、腕を絡ますこともできないあたしに、彼は、最初こそ戸惑ったけれども、股関節はやわらかいから困ったこともなく、ひょっとしたら、この可動域があるのとないのでは、大差があるのかもしれない。

彼は、今は手馴れて、抱きかかえる時は頭を支えて貧血を起こさないように、寝かせる時や姿勢を変える時は、腕を２人の間に入れるようにして、抱きしめながらケガをしないように注意してくれる。それに応えたくて、たくさんキスをして、めいっぱいのできる限りの愛撫で返す。日々できることは、こうやって抱きかかえられても、彼の負担にならないように、体重管理を徹底するくらい。そして、彼はいつも聞いてくれる。「痛くない？」「気持ちいい？」この言葉が、本当に大切で、できない姿勢、つらいこと、嬉しいこと、その場でも、あとからでも、素直に話せる環境を作ってくれる。でも「これって、障害があるとか、ないとか、関係ないんじゃないかな」とは、彼の言葉。

　彼に対してあたしは「何もできない」。だけど、誰より「愛する気持ち」は負けないことが、彼に対してできる、唯一のことなのかもしれない。カラダの動く人より、絶対的に姿勢も難しいのだから、誰よりもコミュニケーションをとるわけで、本来の意味に、より近い関係になれるのではないか。そうしたら、やっぱり、カラダが動かないって、障害があるって、幸せなのかな。

　障害を持つ女の子に、足りないもの。
　もっとあったらいいもの。
　それは「ほんのちょっとの勇気と、たくさんの愛する心。そして、自分をきちんと分析できる力と伝える能力」なんだと思う。

第2章

1. サロゲートパートナー療法
2. 非日常生活活動—QOエロ
3. 特定非営利活動法人ノアール OT班からの発信
4. 鼎談 『性支援の意味を考える』

第2章　① サロゲートパートナー療法（代理恋人療法）

性の支援者としてのサロゲート

Shai Rottem（認定サロゲートパートナー）/山崎　徹（フリーライター）

● サロゲートパートナー療法とは何か？

1．IPSAとは

　IPSA（The International Professional Surrogates Association）は、1973年にサロゲートと呼ばれる施術者のグループの各メンバーがお互いを支援するために設立した団体である。その後5年間でIPSAはさらに拡大し、専門職の団体へと成長していった。

　IPSAでは団体の倫理規定に従って専門職として仕事に従事するための規範を設けたり、社会に向けてサロゲートのトレーニングコースの実施や自己啓発セミナーなどを開催したりしてきた。またサロゲートパートナー療法の分野での専門家チームを国際的にも支援している。治療チームとしては、サロゲートパートナー（代理恋人）、セラピスト、サロゲートパートナー療法を受けるクライアント（被治療希望者）の三者で構成されている。IPSAが認定したサロゲートやセラピストが現在米国、イスラエル、その他、EU諸国で実際に開業している。IPSAの公式ホームページはhttp://www.surrogate_therapy.orgである。

2．サロゲートパートナー療法誕生の経緯

　IPSAのサロゲートパートナー療法は、医師であるウイリアム・H・マスターズ博士と精神科医のバージニア・E・ジョンソン博士の画期的研究と手法をベースとしている。「サロゲートパートナー」という言葉自体は、1970年にマスターズとジョンソンが上梓した「人間の性不全（Human Sexual Inadequacy）」という本で使用したものである。

　マスターズとジョンソンは、研究室内で自慰行為を観察したり、セックスによる興奮状態を計測したりすることによって性行動についての構造、心理状態、生理機能な

どについて研究した。彼らは、とりわけ性的興奮時の性器を含む人間の身体の生理的反応についてのデータを収集し、分析した最初の研究者であった。セックスの重要性を排斥し、セックスを生殖に限定するという当時普通に考えられていたことに反して、マスターズとジョンソンは、セックスは身体的喜びと深い感情に基づく愛情表現として認識すべき健全で自然な活動であるという表現をしている。

　1970年代は、人間のセクシュアリティ研究の時代であり、セックスは生殖のためというパラダイムを超えるような研究へと向かう。マスターズとジョンソンのような研究者が、性不全への新しいセラピーや手法を開発し取り入れることを可能にする時代でもあった。また性的反応を解剖学や生理学の視点から研究したことが、性的問題を治療するための画期的な臨床的アプローチを生み出す出発点となったのである。

　マスターズとジョンソンの対症療法プログラム（後述）が世に出る以前には、早漏、勃起不全、腟痙攣、女性の性欲の弱さあるいは性欲がないといった性不全の問題は、一般的に、長期的（複数年）な精神療法あるいは精神分析で扱われてきたが、その治療成果は非常にお粗末なものであった。マスターズとジョンソンは、このような現状に即効療法（2週間の精神療法）を考案して大変革をもたらしたのである。

　そのセラピーでは、個人の問題として個人だけを対象とするのではなく、セラピーセッションで、男性と女性の両者をパートナーとしてカップルで治療の対象にするものであった。同様にこれまでのやり方を打破するようにマスターズとジョンソンは、一人のセラピストによる治療方法をやめて、男性と女性の二人のセラピストでクライアントのカップルに対応するという手法を提唱したのである。この性別のバランスに配慮したチームアプローチがもたらす効果によって、治療の成功率が80％以上と大きく伸びることとなる。このセラピーは、セラピストが性行動に従事するカップルを観察するのではなく、厳密にはセラピストとの対話によるセラピーであった。セラピストは、クライアントのカップルが、彼らの自宅で個人的に性行動を練習するように指導する。それはいわゆるカップルが自宅で行う宿題であった。

　カップルでのセラピーの成功とはまったく対照的に、パートナーのいないクライアントが一般的な精神療法家のもとで従来の治療を受けた場合の成功率は、わずか25％であった。カップルで行うセラピーと個人だけのセラピーの成功率がこのように劇的に違うことから、マスターズとジョンソンはサロゲートパートナー（代理恋人）を加えたセラピーの手法を考案したのである。サロゲートパートナー（代理恋人）は、マスターズとジョンソンの研究所でセラピーが行われている間、各個人のクライアントの「妻」として行動するように訓練を受けている。当時は、男性のクライアントが女性のサロゲートパートナー（代理恋人）を相手にしてそのようなセラピーを受けることは、女性のクライアントが男性のサロゲートパートナー（代理恋人）を相手にするよりも、世間に受け入れられるだろうと思われていたことに留意すべきである。

　21世紀に入って、女性がより性行動について、そして健全で満足できる親密な関係を阻害するような問題点について、積極的に発言する権利や責任を男性同様に持っているということが、広く理解されるようになってきた。サロゲートパートナー療法は、

セックスセラピーの世界で、女性のクライアントに対して男性のサロゲートパートナー（代理恋人）を訓練しセラピーを提供することで、この療法のさらなる成長をリードすることになる。同様にIPSAがレズビアン、ゲイ、両性愛者、性倒錯者などのコミュニティに属するクライアントにもセラピーを提供できるような、サロゲートパートナー（代理恋人）の訓練も採用したことは重要である。

3．サロゲートパートナー療法の実際

　マスターズとジョンソンの提唱したモデルに従って、現在のサロゲートパートナー療法は、サロゲートパートナー（代理恋人）とクライアントの間に一時的な関係を構築させ、セラピーを行う間、常に認定されたセラピストが指導していく。サロゲートパートナーとクライアントは、クライアントが肉体的、感情的な親密さへの自己認識やスキルを構築できるように設計された組織化あるいは非組織化された経験に一緒に参加することになる。これらのセラピーでは、パートナーとリラックスする方法、効果的なコミュニケーションをとる方法、性欲をそそる性的な触れ合い方、そして社会的なスキルを身につける訓練などのワークをパートナーとともに体験する。各セラピーのコースは、クライアントの知識、スキルそして感情的、肉体的、性的な親密さに対しての安心感のレベルを上げるように設計されている。

　サロゲートパートナー療法の実施中に、クライアントはセックスセラピスト（対話セラピスト）に1週間に1回面談し、1時間の対話形式のセラピーを受け、サロゲートパートナー（代理恋人）とは、同じ期間に1~3時間の体験セッションの時間を持つ。セラピストとサロゲートパートナー（代理恋人）は、クライアントとの各セッションの前後には必ず打ち合わせを行うことになっている。このようなチームアプローチは、お互いのオープンで正直で一貫性のあるコミュニケーションに依拠しており、サロゲートパートナー療法の根幹となるものである。

　クライアントがサロゲートパートナー療法に参加する動機は、社会的不安や具体的な性不全の問題まで多種多様なものがある。いずれの性別においても人間関係の問題、健康問題、肉体へのマイナスイメージ、あるいは身体的な醜さや身体障害、性的、肉体的または精神的虐待および/またはトラウマ（例えば強姦や近親相姦）、性的指向についての混乱、社会的ないし性的自信の欠如などの問題のひとつ、あるいはそのうちのいくつかが、この療法に参加する動機に影響していることが多い。男性クライアントに共通の関心事は、オルガスム（性的絶頂感）への不満、早漏、逆に射精の遅さ、勃起不全などが挙げられる。一方、女性クライアントの性的問題は、オルガスムをなかなか感じないこと、および/または性交痛などが含まれている。男女ともに経験のなさ、親密になることへの恐怖心、セックスに対する恥ずかしさや不安、性的刺激の低さ、性欲の弱さなどを感じてセラピーを受けたいと訪れるようである。

　男性/女性のサロゲートパートナー（代理恋人）は、どのような性的指向の男性/女性のクライアントとであっても、治療に当たることができるようなトレーニングを受

けている。

4．サロゲートパートナー療法の意義と効果

　どのようにしたら健全な関係を築くことができるかを学ぶこと、つまりどのように相手に触れ、自分も触れてもらうのか、どのようにしたら自分の身体とセクシュアリティのありのままを受け入れることができるのかを学ぶことが、このプロセスにおいて重要な側面である。

　サロゲートパートナー（代理恋人）とのセラピーのプロセス（それは同時に診断やスキルの構築にも役立ち、かつ治療にもなるものである）を進めるに従って、クライアントが新しいステップへスムーズに移行できるように十分な配慮しながらセラピーは進められる。サロゲートパートナー（代理恋人）は、社会的スキルや効果的なコミュニケーション、感情的な誠実さの手本を示してくれる。サロゲートパートナーとクライアントの関係は、健全な自己概念と性機能の改善を促進させるための、身体的親密さを共有する経験を提供するものである。それらのワークをこなしていくうちに、クライアントは自分自身がよりリラックスした気分になり、さまざまな自分の感情にもオープンになって相手との身体的、感情的な親密さに対してもより心地よい気分になれるようになる。性器と性器を触れ合わせることは、治療法的には時と場合によって注意が払われる。このような性器と性器の触れ合いを治療の中で実際に行うこと自体は、サロゲートパートナー療法では比較的重要ではないひとつのステップである。

　クライアントの多くが感じる進歩は、セラピーを行っている間にサロゲートパートナー（代理恋人）とクライアントの間で、人間同士の思いやりや好意が容易に通い合う時に生じるようである。この信頼できる関係の下で、クライアントの感情的かつ性的親密さに関する問題は探求され、クライアントは新しい人間関係のスキルを磨き発展させる機会を持つことになる。たとえサロゲートパートナー（代理恋人）とクライアントとの間に個人的な対立があったとしても、それはクライアントにとっては学びと成長のすばらしい機会となるのである。サロゲートパートナー（代理恋人）とクライアントとの関係は、最初から最後まで、一般的な男女関係の各段階における役割を果たすものとなる。サロゲートパートナー（代理恋人）のクライアントに対する反応や彼/彼女がクライアントをどのように捉えているかなどは、リアルタイムで進行している両者の関係の視点からすれば、とても有益な情報となる。

　クライアントは、徐々にサロゲートパートナー（代理恋人）を信頼し、気遣うようになってくる。そしてお互いに誠実さや親密さ、そして有意義な感情的なワークを共有するようになる。このような真の人間関係を通して、クライアントは有用な新しい方法を学んでいくのである。その経験を通してクライアントは、将来出会うであろう関係においても、セラピーで経験したような良好な関係を築ける可能性があることに気づく。最終的にクライアントは、自分がこれから選択する相手と新しい関係を構築する用意ができたと感じるようになるところまで到達する。

セラピーをいつ終了させるかについては、セラピーの目的が達成された段階で、クライアント、セラピスト、そしてサロゲートパートナー（代理恋人）の三者で話し合って決められる。セラピーを終了させ、サロゲートパートナー（代理恋人）とクライアントの関係を終えるプロセスは、サロゲートパートナー療法で培った関係を称賛し合い、これら三者のそれぞれの感情を尊重し、クライアントの今後に思いを馳せるということになる。

5．サロゲートパートナー療法の構成

(1) オープンエンド療法

このモデルでは、クライアントは週1回、認定されたセラピストと面談して対話セラピーを受ける。また、同じ週の間にクライアントは、サロゲートパートナー（代理恋人）との体験セッションを受けることになる。セラピストとサロゲートパートナー（代理恋人）は、各セッションの前後に打ち合わせを行い、クライアントのさまざまな問題点や不安材料について検討し、次のステップへの調整を行う。クライアントが、各自の目標に到達するまで、このチームアプローチの手法が継続してとられる。

(2) インテンシブ療法

本プログラムは、クライアントが居住する地区に認定されたセラピストやサロゲートパートナー（代理恋人）のチームがいない場合に計画されるものである。このモデルでは、クライアントが認定されたセラピストとサロゲートパートナー（代理恋人）が居るところまで出かけていかなければならない。クライアントは、そこでセラピストとサロゲートパートナー（代理恋人）チームと2週間の間、毎日面談してこの療法を受けることになる。

サロゲートパートナー療法の典型的なコースは、サロゲートパートナー（代理恋人）と40～100時間の体験セラピーのセッションを受け、認定されたセラピストと20～50時間の対話セラピーを受けるものである。

オープンエンド療法では、セラピーは5～18カ月間の期間を要する。サロゲートパートナーの中には、インテンシブ療法のためにクライアントの居住地まで出張してくれる人もいる。この場合、サロゲートパートナーは、クライアントが依頼する認定セラピストと一緒にセラピーを施すことになる。

6．サロゲートパートナー療法と身体障害

サロゲートパートナー療法は、障害者にも比類なく適したセラピーである。サロゲートパートナー療法の中心的な信条は、自分自身の身体がどんな状態であろうとも、またどんな難題を抱えていようとも、自分の身体を尊重し、讃えることを体験を通して教えるということである。もちろん、障害の特性によっては、健全な関係を妨げる

問題に対処しようとするクライアントのために特別な配慮をすることが必要である。

イスラエルでは、認定されたセックスセラピスト（対話セラピスト）であるロニット・アロニ博士が、障害を持つ人々を治療するための学際的なモデルを考案している。このモデルでは、クライアントがセラピーの過程で3人あるいは（必要に応じて）それ以上の臨床医と面談することになっている。

女性のクライアントには、婦人科医、理学療法士、セックスセラピスト（対話セラピスト）、サロゲートパートナー、そして精神科医（もし投薬が必要な場合）が担当となる。

男性のクライアントには、泌尿器科医、理学療法士、セックスセラピスト（対話セラピスト）、サロゲートパートナー、そして精神科医（もし投薬が必要な場合）が担当となる。

アロニ博士の中核モデルは、身体的なリハビリテーションを一番の軸としている。

アロニ博士の公式ホームページは http://www.dr-aloni.co.il である。

7．IPSAのプロフェッショナルトレーニング

サロゲートパートナーとして認定されるためにはIPSAでのトレーニングを受講する必要がある。IPSAのトレーニングプログラムは、講義、グループディスカッション、体験演習、そして参加者の学習と成長を最善のものにするための各参加者個人別のフィードバックなどの構成になっている。

各クラスは、経験豊富なIPSAのトレーナーがチームで参加者をリードする。そしてトレーナーは、リラクゼーションやコミュニケーション、性欲を自覚する計画的な演習などを通して参加者を指導していく。このような計画的な演習は、参加者の自覚や親密さを受け入れる能力、そして臨床的スキルといった分野の能力を向上させる計画的でない体験と統合される。

トレーナーは各参加者に個別にフィードバックを行い、トレーニングの期間中ずっとすべての参加者に適切なアドバイスを行う。サロゲートとセラピストのメンバーは、各コースの講義時間を通してそれぞれの専門知識を持って寄与することになる。セラピストとサロゲートパートナー（代理恋人）が行うトレーニングの経験値は、最新のセックスセラピーやサロゲートパートナー療法でもモデル化されて取り入れられている。このトレーニング計画では、トレーニング参加者に多面的な臨床知識、スキルそして効果的な臨床研究のために必要な心構えを教えるものとなっている。体験学習は、ほとんどのトレーニング参加者にとっても有意義な個人の質的向上をもたらす。

IPSAのサロゲートパートナーのトレーニングは、次のようなレベルに分かれている。

レベル1：IPSAトレーニング―ヒューマンセクシュアリティと親密さ、セックスセラピーとサロゲートパートナー療法

レベル2：指導の下でのインターンシップ
　　レベル3：個別事例相談
　　レベル4：継続教育
IPSA のセラピストのトレーニング
　　レベル1：IPSA トレーニング―ヒューマンセクシュアリティと親密さ、セックスセ
　　　　　　ラピー、サロゲートパートナー療法
　　レベル2：個別事例相談
　　IPSA トレーニングの詳細については http://www.surrogate_therapy.org を参照。

<解説1>

　マスターズとジョンソンが提唱したモデルや IPSA の倫理コードに従って認定されたサロゲートパートナー（代理恋人）が、認定対話セラピストとのセッションを受けなかったクライアントに対してサロゲートパートナー療法を行うことはない。対話セラピストは、サロゲートパートナー療法がうまくいくかどうかを左右する重要な役割を持っている。クライアントの治療計画は、まさしくこの認定されたセラピストが作成するものであり、またクライアントがサロゲートパートナー（代理恋人）と行う実習の中で、例外なく重要で複雑な感情をこのセラピストと共に処理するのである。
　サロゲートパートナー療法の目的のためには、認定された対話セラピストは資格を持ったセックスセラピスト、性科学者、セックスコーチ、精神分析医、精神療法士、セックス教育者あるいは結婚・家庭セラピストという役割を担っているといえる。
　もし対話セラピストがサロゲートパートナー（代理恋人）を指導した経験を持っていたり、ヒューマンセクシュアリティやセックスセラピーについて学んだ経験があれば理想的である。

<解説2>

　前述したようにサロゲートパートナー療法は、特定のパートナーがいない個人を対象にして考案されたものである。サロゲートパートナー（代理恋人）との関係は、そのクライアント個人が他の人と実際の関係を持つ時のための疑似体験になる。したがって、感情的、身体的親密さ、身体への接触、性行為などの要素が含まれることになる。
　既婚者あるいは感情的機能障害、性不全、愛情行為に絡む問題を抱えるパートナーを持っている人は、それぞれのパートナーとカップルセラピーを受けることを推奨する。自分だけの判断で、単独でサロゲートパートナー療法を受けることはのぞましくない。
　性不全を抱える既婚者で、そのパートナー（夫あるいは妻）がカップルセラピーを受け入れないというような場合には、サロゲートパートナー療法に救いを求めることも可能である。ただしその場合には、サロゲートパートナー療法に参加しないパートナーから、自分の配偶者がサロゲートパートナー療法を受けることを承知していると

いうことを確認する書面を提出する必要がある。

＜解説3＞
「計画的な演習」とは、サロゲートパートナーとクライアントがセラピストの指導の下で計画に基づいた演習を行うことを意味している。この計画的な演習を行うに当たっては、所定のルールと決められた限度を遵守しなければならない。

「計画的でない体験」というのは、男女が予定や計画に基づかないで通常とる行動パターンを意味している。その例としては、お互い会った時に握手をしたり、別れる時にハグしたりする、そのような自然な行動が挙げられる。

セラピーの最初に、クライアントとサロゲートパートナー（代理恋人）は、計画されたシナリオに従ってお互い触れ合うことから始める。これは計画された演習であり、ルールが決まっていて、お互いの了解を確認しながら進められるものである。この計画された演習が、約8〜10セッション持たれ、その後クライアントが打ち解けてきたら、クライアントとサロゲートパートナー（代理恋人）は、決まったやり方なしに、お互いの手を握りあったり、長椅子で並んで座ってお互いをハグしたりする段階へ進むことになる。この段階が、計画されていない体験である。

「サロゲート」とは、「サロゲートパートナー」のことをいう。

「臨床スキル」というのは、クライアントを助けるスキルのことをいう。心理学的な部分や対話の進め方、指導のやり方などのスキルを磨くことがクライアントを治療する手助けになる。

「セックスセラピー」というのは、他人を助ける仕事に従事している人がさらに学んで追加で取得する資格である。心理学者、精神療法士、ソーシャルワーカー、結婚・家庭問題の治療専門家、さらには精神科医、医師がヒューマンセクシュアリティやセックスセラピーの講座を受講することができる。

（補足）
Therapeutic triad（治療のための三人組）：サロゲートパートナー療法の根幹をなす三者（クライアント、セックスセラピスト、認定サロゲートパートナー）の組み合わせのこと。

Sex therapist（セックスセラピスト）：クライアントとの臨床治療の研究を修めた人で、セックスセラピーやヒューマンセクシュアリティについての課程を修了した人。

Sexual dysfunction（性機能不全）：性的に満足することを阻害する問題を抱えてい

ること、例えば性行為中に痛みを感じる、性欲が弱い、性的になかなか興奮できない、勃起に問題がある、オルガスムや射精に問題があるなどの事象を感じていること。

　この章は、Shai Rottem 氏が監修したものである。同氏は、米国カリフォルニア州ロスアンゼルス在住の認定サロゲートパートナーであり、IPSA のメンバーでトレイナー、セックスコーチでもある。
　Rottem 氏は、世界中の女性のクライアントにサロゲートパートナー療法を施術しており、女性を治療する点では多くの臨床経験を持っている。また同氏は、サロゲートパートナー療法のコースを持っており、講義やトレーニングで指導も行っている。
　Rottem 氏へのコンタクトは http://www.SurrogateTherapy.org から可能。

●プロフェッショナルトレーニングを受けた受講生の体験

山崎　徹

　2001 年、ある日本人女性が、IPSA のウェブサイトからプロフェッショナルトレーニングへの申し込みを行った。当時 26 歳の女性、田中絵里緒さんである。彼女は当時で費用約 21 万円の 10 日間にわたるセッションを受講した。渡航費用は別である。
　田中さんは当時、職業や進路で悩みを持っていた。恋愛に対する問題もあった。人を心身ともに癒すためにはどうしたらいいのか、IPSA のプロフェッショナルトレーニングが何かの答えにならないだろうかと考えての応募である。無事申し込みが通り、アメリカ・南カリフォルニアで、IPSA の代表を務める Vena Blanchard 女氏から紹介された家庭でホームステイをしながら、Vena 女氏の自宅でセッションを受けることになった。講師は Vena 女氏 1 名、受講生は田中さんの他に、男性 1 人、カップル 1 組（男女の夫婦）の 4 名で開始された。田中さんの他はアメリカ人だった。
　カリキュラムは 10 日間で 8：30〜15：30 の間で行われ、全体で 36 時間ほどのセッションで構成されていた。
　「最初に IPSA 代表であり講師でもある Vena 女氏から、『ここでは誰も、いやなことは絶対に強制されない』という絶対的なルールを説明されます。このルールはセッション中の、どの行為にも適用されます。だから、私たち（受講生）は安心してカリキュラムを学ぶことができました」と田中さんは語る。Vena 女氏はまた、相手を受け入れるためにも、このルールは必要であると説明したという。例えばセッションに組み込まれるセックスについても同様で「セッションに参加したのだから…」「行為に及ばなければ…」といった圧力や強制力を排して、する、しないを自分の意思で決めることができ、その決定を相手が受け入れられるという関係性が重要であることを示すルールだという。以下は田中さんの言葉を借りて、セッションについて説明していく。
　「受け入れてもらえる、受け入れてもらえないというのは身体と身体との接触、セックスに至るまでの関係性において本当に重要なことだということを学びます。最初の

セッション項目『ライフヒストリー』で自分自身のことを可能なかぎり詳細に話します。その内容について疑問や質問を受けますが、もちろん、話す内容を否定や拒絶されることはありません」

　ここで十分に互いの情報が共有され、自身のパーソナリティが了承されていることを理解する。

　「自分の身体を確認する『ボディ・イメージ・セッションⅠ』では、はじめは鏡の前で全裸になって、自分の身体を30分程度じっと観察します。どんな身体なのか、自分の言葉で形容してみるんです。これには、なるべく多くの表現を使います」

　「それが終わると、参加した相手の身体を観察して言葉で形容するパートナーと一緒の『ボディ・イメージ・セッションⅡ』です。Vena女氏を含む全員で円になって互いに体を見て言葉をかけ合うセッションと、ペアになった相手と個室で二人で行うセッションとがあります。いずれの場合でも、批判的な視線ではなく、相手のことを思いやる姿勢で相手の体をいたわってあげることを重視しています。これにより、自分の体にコンプレックスや嫌悪感を抱いている人でも、相手にその不安を打ち明けることができます。なおかつ、そんなことはないよ、あなたの身体はすてきですよと言ってもらえる体験をすることで、新たな自分の魅力を発見できます。また、他人と自分の身体が違うことを認識し、その違いは批判・非難・自虐の対象ではなく、『みんなちがって、みんないい』という意識に到達することができます。自分自身によるボディ・イメージの自画自賛は可能でも、他人に見せる時にはそうはいきません。その抵抗を取り除くためにも必要なんです。『あなたの生まれついての身体はすてきなんだ』ということを自分の表現で伝えます。これは、自分の過去（性体験を含む）や、身体を肯定的に受け入れていないとセックスは成立しないという考えからです」

　良いセックスをするための3要素は、(1) 自尊心、(2) コミュニケーション能力、(3) 身体と田中さんは言う。

　「3要素のすべてが必須です。実はちょっと話してみて、自尊心やコミュニケーション能力がない人は、いわゆる"セックス下手"だとすぐわかります。服を脱いで裸になる以前のところで、実は良いセックスができるかどうかは決まっています」田中さんは、この点が忘れられがちだと強調する。

　こうしてセッションは進行する。Vena女氏の自宅で昼の時間の大半を一緒に過ごし、セッションメンバーの連帯感は深まっていく。セッションはすべて英語ということもあり、田中さんにはつらい部分もあったが、田中さんの熱意と周囲から学ぼうとする真摯な意気込みで、順調にセッションをこなしていった。

　「もともと私の家族や、付き合ってきた男性との間で虐待や暴力がありました。これは私の人間関係の根元で大きなトラウマになっていました。セッションを受けて『誰も、いやなことは絶対に強制されない』というルールは受講生を守るだけでなく、そうしたトラウマを解消するのにも役立ちました」と田中さん。

　クライアントを治療するサロゲートのセッションを受けながら、自身も癒されていたと田中さんは言う。セックスのセッションは、アメリカ人カップルの男性とパート

ナーになり、自分の父親ほど年が離れた男性のリードでスムーズに行えた。行為途中でも"誰も、いやなことは絶対に強制されない"というルールは絶対であり、田中さんはパートナーを自然な形で受け入れることができたと言う。

　IPSAのセッションそのものは、相互理解と実践が軸である。セックスについての記述や論調がつい目立ちがちであるが、IPSAの活動目的の一つであるプロフェッショナルなサロゲートを教育するためのプログラムとなっている。専門的な知識はもちろんであるが、例えばクライアントがストーカー化した際の対処方法、そのほか、法律的な対処方法などを学ぶことは、プロフェッショナルとして活動するために必須である。実際は、こうした事務的な内容のほうがウエイトが大きいと田中さんは言う。

　アメリカでの「サロゲートパートナー療法」は州ごとに制度や条件が異なるが、プロのサロゲートが活躍できる場が存在している。

　「当時、Vena女氏には10代前半の娘さんが一人いて、自宅に同居していました。Vena女氏は娘には自分の仕事内容を伝えていないと言っていました。プロの職業として認識していても、家族に説明するのにはわだかまりがあるようです」。プロフェッショナルとして割り切れない部分が存在することも事実のようだ。

● 帰国後の田中絵里緒さん

　日本に帰国後、田中さんはこの貴重な経験を日本性科学学会で報告する機会を得た。もちろん日本では「サロゲートパートナー療法」は"性不全"の治療法とは認められておらず、社会的、倫理的、法的な意味でも認められる状況にはない。

　「『売春になってしまう』『倫理問題』『前例がない』といった抵抗はアメリカ以上に厳しいものでした。もともと日本国内では、『サロゲートパートナー療法』に限らず、心療内科的治療にあたるものは医師と一緒でなければクライアントに治療をほどこせません」と田中さん。ただし、"性不全"に行為（セックス）を共にすることも含む治療法が存在するという報告は、国内で少なからず衝撃があった。田中さんは、日本性科学学会を中心に、その体験や「サロゲートパートナー療法」の実態を報告してきた。だが、田中さんは今後も日本で「サロゲートパートナー療法」が合法的な療法となることは難しいと感じている。

　田中さんは個人的に性不全に悩む人から相談を受けることがある。「相談を受ける度に、彼（彼女）は誰かに受け入れてもらえず、自尊心が確認できないんだなということがわかります。セックスへの不安や恐怖も、そして身体にあらわれる拒絶や嫌悪感は、実は自分自身を無条件で受け入れてほしい希求でもあるんです。母親が子どもにしてあげるのと同じような愛情や包容力を求めているんです」「自分が悩んでいたことの解決方法と同じです。私自身、幼少期に親から暴力を受けるような家庭環境や、付き合ってきた男性からの性的な暴力や傷つける言葉が自尊心の喪失につながっていました。『サロゲートパートナー療法』を学ぶことでわかったのは、簡単なことでした。相手を全部抱きしめてあげればいいことなんです」

現在、田中さんは結婚そして離婚をし、5人の子どもを育てている。「サロゲートパートナー療法」には、セラピーではなく相談という形でセックス（恋愛）弱者の男性へアドバイスを行っている。

第 2 章　② 非日常生活活動―QO エロ　1．さまざまな非日常生活活動

（1）障害者専門デリヘルと身体障害フェチ

桂樹　碧（元障害者専門デリヘル嬢）

● 障害者フェチ

　現在 30 代後半の既婚者です。私はちょっと変わったフェチ、障害者フェチというフェティシズムを持っています。そのフェチを生かして障害者専門デリヘル（デリバリーヘルス：派遣による性的サービスなど）に勤務し、自分でも障害者デリヘルを立ち上げた経験があります。

　障害者フェチというのは簡単に分類すると、障害者になりたい願望（wannabe）、障害者を性的対象にする願望（devotee）の二つがあります。片方だけではなく、両方の願望を抱く場合も多いです。私の場合は、最初は障害者になりたい願望、特に頸髄損傷・脊髄損傷になりたい、車いすに乗りたいという願望が大きかったです。日本では、まだあまり知られていないフェチなのですが、米国などではインターネット上にいくつものサイトがあります。

● 風俗デビュー

　20 代半ばの頃に脊髄損傷の人とネットで知り合い、障害者フェチをカミングアウトしてお付き合いし、その人が SM マニアだったので SM の主従関係を結ぶことになりました。脊髄損傷ですから、勃起も射精もできません。彼はその代わりの行為として SM へ傾倒していったようです。その人の命令で 20 代後半に SM クラブに勤務して風俗デビューをしました。

　先に書いたように、私はもともと障害者になりたいという願望があったのですが、SM という行為の中でご主人様に尽くしたい、奉仕したいという思いから、フェチが変化して wannabe から devotee へとフェチが変わっていきました。ご主人様の勧めもあってヘルパー 2 級の資格も取得しました。

　SM クラブを辞めて、障害者専門デリヘルに勤務したわけですが、お客様は脳性麻痺の方が多かったです。皆さん、性的行為（セックスはなしです）に貪欲な方が多く、

また風俗嬢に対して高圧的な態度をとる方もいなくて、安心して仕事ができるやりがいのある仕事でした。

● 障害者専門デリヘルについて

　脳性麻痺の方で言語障害のため、音声出力装置のトーキングエイドを使用したり、その日にやってほしい行為を事前にプリントアウトしてくださる方が多かったので、意思の疎通はあまり苦労はしませんでした。中にはトーキングエイドなどの器械を使われず、どういうプレイをご要望なのかわからない方もいらっしゃいましたが、気持ちよかったら右胸を叩いてくださいなどとジェスチャーで伝えていただきました。

　頸髄損傷・脊髄損傷の方の場合、射精して終了という流れができないので、いろいろと工夫しました。例えば私がもとM嬢だということで、簡単なSMプレイ、お客様のご希望でのイメージプレイなどです。中には脚本を書いてくるお客様もいらっしゃいました。私がすすんで行った行為は、感覚の残っている部分を舐め回して、少しでも性感帯と思われる場所を探すことでした。首筋、わきの下など、いろいろなところに性感帯は存在していました。また女性の性器を弄って女性に快楽を与えたいというお客様も多かったです。

　自分から障害者フェチだとカミングアウトすることも多かったのですが、皆さん受け入れてくださいました。このことで私のフェチの障害者に対する後ろめたさはかなり緩和されました。

　仕事の場所は比較的バリアフリーなラブホテルやお客様のご自宅でした。入浴できない場合も多々あるので、陰部の洗浄に洗浄綿を持参していました。事務所は都内でしたが、飛行機を使っての遠距離の出張もありました。

　簡単なプレイの流れは、普通のデリヘルと違いません。お客様と待ち合わせして、ホテルへ行く。またはお客様のお宅へ行く。施設まで車で送迎の場合もありました。車の運転は店長です。ちなみに、お店では障害者に対する接し方などは、ほとんど教えてもらえず、簡単な衣類着脱ぐらいを教えられて現場で実地訓練でした。確かに人それぞれ障害が違うので、お店側としても教育のしようがなかったと思います。

　車いすからベッドへの移乗、衣類の着脱介助。その後はシャワーを浴びる。シャワーが無理な方は陰部を洗浄綿で拭く。ここから性的行為がスタートで、フィニッシュは口内射精です。射精ができない方の場合は、お客様が満足されたところで終了。時間はだいたい2時間が多かったです。長時間の12時間プレイということもありました。

● 障害者デリヘルを通して思うこと

　私は仕事の時には「お客様の最初で最後の女性になるかもしれない」と思って仕事に入っていました。デリヘルを使って楽しかったと女性のヘルパーさんについ話して

しまい、今度風俗を使ったら二度とヘルパーに入らない！と言われたお客様もいました。健常者であれば好きな時に風俗で遊ぶこともできます。それが障害者だからという理由でできないのは不自然だと思います。皆さん女性の肌に触れたい、ぬくもりを感じたい、そんな気持ちの人たちが多かったです。その気持ちに応えることができるように仕事をしていました。

お店は実は2軒かけ持ちで約2年間勤務しましたが、障害者専門ということで、お客様からいただく料金は普通のデリヘルよりやや高い設定だったこともあって、コンスタンスに仕事があるわけではありませんでした。1カ月に一度しか仕事がない時もありました。働いている女の子たちは一般職や他の風俗と兼業の人が多かったです。

私はお客様から個人的に愛人になってほしいと言われて、週に一度夜勤介護ということにして生計を立てていました。そのうち、どちらのお店も開店休業状態のような事態に陥ってしまい、このままではだめだと思い、自分一人で独立してお店を短期間ですが経営したこともありました。家庭の事情ですぐに閉店したのですが、常連だったお客様、ネットで知り合った人などからのお仕事をしていました。

最近では障害者対応の風俗店も増えてきて、あえて障害者専門でなくても遊べる環境になってきましたが、やはり重度障害で寝たきりの方などには、専門店は必要だと思っています。風俗嬢というと偏見を持たれますが、私は障害者専門デリヘルで働いたことを誇りに思っています。

第 2 章　② 非日常生活活動—QOLエロ　1．さまざまな非日常生活活動

(2) ダブルマイノリティ
―脳性麻痺と性同一性障害

ヘレンマリアひろこ

● 自己紹介

　私、ヘレンマリアひろこは横浜で生まれました。現在、50歳代、戸籍上は男性となります。先天性の脳性麻痺により四肢障害と言語障害を持っています。10年ほど前には頸椎を痛め、二度の手術により着替えもトイレも食事も自分ではできなくなりました。

　また現在の障害者自立支援法では、重度訪問介護制度を利用しながらの在宅勤務の形態が認められていないので、18年半もお世話になった会社を辞めざるを得なくなりました。ラッシュ時に車いすで通勤するのは困難であり、在宅勤務が認められないのはおかしな気がします。年老いた母の手を借りるのは心苦しく、アパートを借りて重度訪問介護を使いながら在宅勤務を続けるつもりだったのですが断念しました。在宅勤務しながら、重度訪問介護を受けられるようになれば、眠っている力を発揮できる障害者の方がたくさんいると思います。IT分野の発展により在宅でも可能な仕事が増えているわけですから、時代とニーズに沿った制度であってほしいと思います。私自身は一昨年（2010年）、在宅勤務をやめ、NHK教育テレビの番組『ハートをつなごう（ダブルマイノリティ）』（2010年4月28日、29日放送）に出演してから、番組での公約どおり練馬区で女性として暮らしています。貯えがあったことが幸いし、なんとか一人暮らしができています。

● 私の性同一性障害について

　私は肉体的には男性ですが、精神的には女性です。さらに恋愛対象が女性です。カミングアウトする前は、ほとんど恋愛には至らずに親友となるケースが多かったのですが、カミングアウトした今も親友として付き合ってくれていると信じています。頸椎症（背椎損傷）の手術前、つまり、一人で着替えができていた頃は、女性の服を着て女性「ひろこ」として過ごすことができたのですが、手術後、現在のような状態に

なり、「ひろこ」に自力ではなれないとわかった時は自殺してしまおうと考えていました。表面的には男性として生活していたほうが、さまざまな面で便利という周りの人たちの考えで、仕方なく、夜中に自室の中で「ひろこ」という女性にかえっていたわけですが、それもできなくなり自分を失いかけました。不自由な身体では自殺もかなわなかったわけですが。

　手術後、転院先となったリハビリテーション病院では本当につらかったです。30数年前になりますが、その病院の同じ敷地内にある入所施設で、おそらく日本で初めて公共交通機関を使っての単独行動による外出許可をもらっていた私が、実は性同一性障害（GID；gender identity disorder）であってはよろしくないという心理が病院側にあったと思いますし、そのことが私をつらくさせていました。

　病棟は男性病棟であり、自力で動けない私にとって息が抜ける場所ではなかったのです。ですからその施設に入所中は、初日から女性の部屋に遊びに行っていました。そのほうが落ちついたからです。外泊許可についても「ひろこ」に戻りたくて、がんばってもらっていたようなものでした。

● 私の性活動

　前述の通り、身体は男性でありながら心は女性であり、女性を愛します。そんな私の性活動をご参考までに記しておきます。身体障害を持っていることもあり、一般とはかけ離れた性活動の現実もあることを知ってもらえればと思います。

　女性とはキス程度で、男性との関係は強姦に近い形も含めて4名です。初体験は大学1年生の時の夏のスクーリングの際、付き添いのボランティアとして来ていた男性に、男性の姿のままでおしりから犯されました。ほぼ毎日でした。障害者にはこういった危険がいつも付きまといます。

　マスターベーションは、その男性に半ば強制的に覚えさせられました。男性のシンボルであるペニスに触るのは好きではなかったので、自分自身では電動肩こり解消機を利用していました。最近は、一人になる時間はおむつを使用していることもあってできません。他の男性3名についてはチャットで知り合い、女性として抱いてもらいましたが、全員一度だけで終わっています。

● 性同一性障害と介護の関係

　頸椎症（脊椎損傷）の手術当初、家族の理解が得られなかったこととヘルパーさんに女性の衣類を着たいと言い出すことができず、その苦しみや将来への不安からうつにもなりました。私の場合、トランス生活（女性として暮らす生活）になって2年ほどですが、肢体障害を持ち、着替えやトイレ介助など、人の助けが常に要る状態でのトランス生活になってから、ヘルパーさんに申し訳ないという気持ちで暮らすようになっています。私は肉体的には男性ですから、派遣会社の方針で男性ヘルパーさんに

来ていただいています。女性用の下着をはかせてもらう時には、男性ヘルパーさんは違和感を感じているだろうなと思ってしまいますし、外出の際には、女性の服を着ている私と一緒にいるために、ヘルパーさん自身も他人から変な目で見られているのだろうなと気になってしまいます。

　また女性の心を持つ私は、異性（男性）に全裸を見られるのはたいへん恥ずかしいものがあります。女性のヘルパーさんを本当は希望しています。現在、お世話になっている男性ヘルパーさんには申し訳ない気持ちでいっぱいになります。私がもっとやせて女性ホルモンを打ち、胸のふくらみを作り、体毛の処理をして身体全体が女性的になれば、ヘルパーさんも違和感がなくなるのではないかと思い、性別適合手術を望んでいます。しかし、周囲からは私にペニスがあったほうが、尿瓶が使えるということで反対されています。私は命が短くなっても手術を受けたいのですが、果たして脳性麻痺である私の手術を引き受けていただける病院があるのかどうか心配ですし、私の年齢的に間に合うのか、とても不安になっています。

　現在、第一段階の専門精神医の診察を受けていますが、車いすで入れるところが少なく、別な専門精神医を探していますが、なかなか見つかりません。私の場合、すでに一般の精神科医４人からGIDと診断されています。今通っている先生のところでは健康保険の適応外で予約料を毎回支払っています。重度訪問介護制度の関係で無職になった私にとって、この予約料の負担は重いですが、仕方がないと諦めています。

●介護職・セラピストへ伝えたいこと

　障害者運動は閉鎖的なところがあります。私は縄張り争いとか派閥などミニマム的な世界観を捨てて、他のマイノリティとも「穏やかな連帯」を目指すべきだと思っています。その意味で、切り込み隊の一兵卒にすぎないと思いますが、トランス生活を始めました。自分本来の姿である「女性」として生きることを決めて「自分」をつかみました。

　性同一性障害を持つ方は潜在的な数も含めて、けっして少なくないと思います。そしてそのような方の中には、私と同じように性同一性障害の障害と身体障害の二重障害を持っている方もいます。専門職の責務の一つとして、性同一性障害について理解していただき、その人の自尊心を尊重していただける介護・リハビリサービスを行ってもらえるといいなと思います。障害者といっても、すべての方が異性愛者とは限らないわけですから。

　現在は性同一性障害への理解が広まってきているのを感じています。当事者の活動もさることながら、日本人がその歴史において、性別越境に比較的寛容という文化的背景があるからだと思います。ダブルマイノリティを持つ私ですが、辛いけど泣くのは嫌ですから、笑えるように日夜努力していきます。介護やリハビリに関わる皆さんに、見える障害だけでなく、性同一性障害のような見えない障害の存在にも関心を持っていただき、当事者一人ひとりのニーズに合ったサービス提供を願っています。

第 2 章　② 非日常生活活動—QO エロ　1. さまざまな非日常生活活動

(3) ニューハーフの身体障害者—奈美恵さんの場合

山崎　徹（フリーライター）

● 聴覚障害と性同一性障害があるナミエさん

　ナミエさん（30歳代）は、女性としては長身だ。聴覚障害者ということを公表して都内風俗店に勤務している。障害者の風俗嬢はレアケースながら存在する。彼女が異なるところは、もう一つの障害、性同一性障害という2重の障害を抱えていることだ。性同一性障害とは、自身の性に不具合を感じる障害のことで、彼女の戸籍上の性別は男である。

　ナミエさんはごく普通の家庭に生まれたが、2歳の時、原因不明の高熱で聴覚を失った。小中高とナミエさんは全寮制のろう学校へと進むが、思春期を迎える頃、ぼんやりとした違和感が募った。学園祭の出し物で女装をして違和感の正体がぼんやりとわかったという。

　「私は普通の男の子じゃないんだ…」

　性同一性障害という言葉がまだ浸透する以前の話で、自分のあり方よりも、周囲の視線や対応への戸惑いが多かったという。

　「化粧や女装をしても、今度は別の違和感がするんです」

　社会人となってからもその違和感は続く。化粧や女装ではなく本当の女性になりたいと、「25歳の時、サラリーマンを辞めて女として生きようと決めた」と言う。

　病院に通い始め、『性同一性障害』という名を初めて知る。ほどなく"ニューハーフ"として雇ってくれる都内風俗店に勤務することができた。ニューハーフ風俗店のサービスで通常の風俗店と異なるのは、AF/逆AF（AF/アナルファック＝肛門への男性器挿入行為）と呼ばれる内容が通常サービスにも付いていることだ。このサービスには男性器が必要で性転換手術に踏み切れない。

● 聴覚障害について

　最近、ナミエさんは本名を"奈美恵（漢字は仮に当てはめている）"に変更したと変

更届けの書類を見せてくれる（法律が変わり、過去にその名前で生活していれば変えられるようになった）。ただし法制度に沿い、戸籍の変更を含める性同一性障害と認定を受ける（手術を受ける）には、何年ものカウンセリングと手間がかかるという。

　障害者年金制度や公的制度を使えば、部屋に電話や来客を知らせるランプやバイブレーターなど難聴者や聴覚障害者用の設備を整えることができるが、ナミエさんは「手続や申請が煩雑で面倒」と言う。特に不動産面では部屋の改造を伴う聴覚障害者用設備には、まず賃貸契約を結ぶ際に不動産会社や借主との交渉をしなければならず、彼女のような障害を持つ人々にとって、大きな障害になっている。さらに、その際、例えば内容の齟齬を防ぐため詳細を伝える手話通訳士を頼もうと思えば、そのハードルはまた上がる。事実、手話通訳士を頼むのには1回、2〜6時間で、5千円〜1万円程度の費用がかかり、また全国で2,000人ほどしかいない手話通訳士へ、時間や場所、内容などの希望を出すには限界があるのが現状だ。「条件に合う物件を何件も捜すというわけには資金面でも時間面でもいかない」

　ナミエさんの場合、彼女の性的なパーソナリティも熟知した手話通訳ができる友人に頼んでいる。「不動産屋さんとの入居の話だけでなく、例えば性同一性障害で病院へ行く時も、お店の人と条件面の話なども、パーソナルな内容を含む交渉には、身近でよくわかり合える人でないとむしろ困る」と彼女は言う。

●パートナーとの関係、性行為について

　ナミエさんは普段の生活を女性としておくっている。恋愛関係のパートナーは男性である。聴覚障害を持つ彼女のパートナーは、もちろん障害のことは知っていて付き合った。「付き合ってしまえば、（聴覚）障害のことは、あまり関係がないです。身体の関係も、普通の人と同じです。キスをしたり抱き合ったり、セックスもします。スキンシップができるぶん、言葉よりもわかり合えるようです」と彼女は言う。

　セックスの挿入行為は風俗店でのサービス同様、肛門を使う。パートナーはもちろん同性愛者ではなく、そうした経験はなかったので説明が難しかった。

　「性同一性障害ということもパートナーは知っています。身体が（ホルモン注射で胸などがあるが、男性器が付いている）男性であることも最初に説明しました。パートナーにもとまどいはあったようです。だから、セックスそのものよりも、その時自分の身体をそのまま受け入れてくれたことがうれしかったです。今も女性として扱ってくれています」。

　付き合いを深め、身体の関係を結ぶことで自然と「自分の性別についての違和感も少しずつだが受容できるようになった。裸の身体で向き合うセックスが相手に受け入れられることで、自分の認識する性別を受け入れてもらえたと思える」という。「形（性器を含む）が異なることで好きな人に嫌われたりしないか、離れていってしまわないかが心配だった」これは性同一性障害者が誰しもが抱える不安の一つでもある。

　性同一性障害での大きな問題は、身体的な問題もそうだが、精神的な問題も大きい

という。彼女（彼ら）たちの精神的な不安を受け容れる社会的な認知、認識は、ニューハーフという言葉で広まった好奇心や興味本位を抜け出しておらず、まだ十分といえない。

● 先端テクノロジーの活躍

　言語的な障害を持った人たちで、もっとも大きなハンディとなるのがコミュニケーション。この問題で象徴的なことが起こった。2011年3月11日、東日本大震災の発生だ。
　ナミエさんはその日、電車で移動中だった。大きな揺れで周りの乗客が慌てるのがわかった。最寄り駅に緊急停車し、乗客が続々と移動して、降車し出すが、ナミエさんには地震以外に何が起こっているかわからずパニックになった。
　「全部車内アナウンス。耳が聴こえないと何もわからず状況がまったくつかめなかった」
　そんな時、活躍したのは携帯電話だった。携帯メールや通話は一時期ダウンしたが、大手SNSなどのネットはつながり続け、活躍したのは記憶に新しい。そうしたツールを使い、状況を把握、無事避難できたという。「もう、コレ（携帯電話）がなかったらどうしていいかわからなかった」と当時を振り返る。
　実際、現在、性同一性障害で通院する病院は、事前にメールでカウンセリングを行っている。担当する医師は、その内容を確認しながら、さらに携帯電話やパソコンで詳細な事例を検索し、参考例や、図解、時には動画などをみながら治療を進めている。「わかりやすく、治療も安心になった」と彼女は言う。ナミエさんは最近、流行のスマートフォンに代え、タブレットタイプの端末も購入した。「どんどん便利になってくる。コレがあればコミュニケーションがとれる」。彼女の部屋には、もうランプやバイブレーターなどの聴覚障害用の設備はいらないと言う。

● 経済的なこと

　ナミエさんは、風俗業界ではめずらしい月給制である。収入が多くなる歩合給ではなく月給制をとったのは「生活の安定のため」だと言う。仕事、住居という自立した生活のために必要なものを彼女は風俗業という職種から得る経済力で支えられている。多くの障害者が、まず仕事、住居というハードルに立ち塞がれる。事実、ナミエさんの給料は同世代サラリーマンの倍以上だ。障害者の社会進出全般に経済的な背景が大きな壁になるということにはここでは触れないが、スマートフォンなど最新ツールを使える環境は少なからず彼女の社会進出と自立を支えている。
　手話通訳士が担う役目を携帯メールやスマートフォンが代わるといったように仕事の連絡、確認にも聴覚障害の彼女には欠かせないものになった。経済的な負担を新しいテクノロジーがより良い方向でカバーすることは可能なのかもしれない。それがま

た障害者の性の自立につながることにもなる。

● おわりに

　障害者と性の問題は今まで語ることがタブー視されていた。介護現場でも、それは触れてはいけない問題とされがちで、障害を持つ当事者は性的欲求を持つことは「いけないこと」と思い込みがちである。それが、一般化され、なおさらのごとく「障害者と性」はみえにくくなっている。

　一部のNPO法人が障害者と性の問題を掲げて活動しているが、それもまだ一般的とはいいがたい。平成18年度（2006年）の厚生労働省調査では全国に約348万人の身体障害者が存在するとされている。ナミエさんのように性同一性障害と聴覚障害を二重に抱える例は希少かもしれないが、人間が人間らしく、健康的に暮らすには性の問題もまた、欠かすことができないのである。

（4）当事者が支える性活動

芹澤拓哉（特定非営利活動法人ノアール，副理事長）

● はじめに

　私が身体障碍者の性の支援を行う理由は何だろうかと考えてみると、特別な理由は見当たらない。セックスをしたいとかマスターベーションをしたいなどの気持ちは誰でも持つ欲求で、特別にスポットを当てることはないだろう。しかし、身体に障碍があると一般社会にフィットしないことは多い。例えば車いすを利用していれば、階段のある風俗店への入店ができないことは容易に誰でも想像ができるであろう。また体幹に機能障害がありペニスまで手が届かない、握力がなくペニスを握ることができない、腕の上下運動が困難でマスターベーションができないなどである。

　頸髄損傷や脳性小児麻痺など、同じ障碍が原因ではなくても社会的な困難状況を共有することにより、どのように環境を整えれば自己でマスターベーションができるか、どのように外出したら風俗店へ行くことができるかなどを、当事者と相談支援者が障碍者同士であれば、リアルで詳細な支援方法が提案できる。また多様なニーズをどのように実現できるかを、特定非営利活動法人ノアール（以下、NPO法人ノアール）のスタッフと共に知恵を絞りコーディネートを行うことで、利用者への支援方法を構築し提案していくことが性的支援の重要なポイントだと考えている。

● 性支援に求められるもの

　私自身（頸髄損傷）も含め当事者として、性的支援を依頼する際、恋愛感情のない第三者へたくすことは、想像もできないほどの羞恥心との葛藤や屈辱的な気持ちに近い心理が働くことがある。本来、性行為は愛情表現の最たる好意で、恋愛感情を持つ関係で行うことが大前提（ピュアな人間なら、なおさらだと考える）だと思う。が、それが身体の障碍や金銭的な理由で風俗店へ行くことができない、あるいは親の目や家族、友人の目が気になるなどメンタル面からの理由により外出が困難な場合や、施設に入所していて外出する機会に制限がある場合など、ある種、隔離されている状況

から性的なサービスを受けることは、気持ちの上では宇宙へ行くことより遠く大変なことで、当事者にとっては一世一代の大事である。
　性的支援を提供する際、私はできるだけ事務的に感情を伴わない支援が大切だと考えている。反面、双方には深い信頼関係を築くことが大変重要で、その理由は射精した際に、支援してくれた人に対して何か特別な感情を抱くケースが見受けられるからだ。愛情というか、言葉ではちょっと表現が難しい深い感情がわいてくる場面がある。だから、事前のアセスメントと事後のモニタリングは丁寧に行う必要がある。例えばマスターベーション支援の場合、自分の手の代役として利用するのであって、他人の手であることを感じさせないように支援するのが理想だと考えている（素手での支援ではなく、TENGA®に代表されるマスターベーショングッズを利用することが原則）。つまり利用者が支援者に対し無用な感情を抱いたり、勝手な想像をできる限り省いたアプローチが必要であろう。男性なら想像できると思うが、射精行為には期待感と虚しさが常に付きまとうからである。
　また環境因子にも十分な配慮が必要となる。在宅、施設においても独居ではない限り常に人の目が行き届いているため、非日常行為については目立つことが多い。サービスを提供する際、いかにカモフラージュするか、時には友人のように振舞うことも大切であろう。そもそも性については私も経験があるが、特別、敏感な反応をしてしまい、親の目や周囲の視線がとても気になり罪悪感さえ覚える。事後の利用者の生活環境に配慮しつつ、ミッションを遂行することが、われわれの腕の見せどころだろう。
　身体障碍者にも、それぞれ当然のように個性がある。したがって、身体障碍者とひとまとめにされることは、いささか迷惑な話であるが、ピアカウンセリング的なことはよくある。「今まで勃起していたのにしないな～」とか「ペニスを触ってもわからないよ」「彼女とのセックスどうしている」という話は、病室やデイルームでよく話題となる。障碍を得る以前の自分と障碍を得た後の自分との価値の変換が行われている時点での話題で、障碍の受容時期でもある。以前、尿道ポリープができて3週間ほど厚木市の山の中にある病院へ入院した時に、ある看護師が患者さんから、性についての質問を受け私に相談をしてきたことを思い出す。脊髄損傷専門の病棟でも障碍者の性については発展途上のようで、もう少し勉強してほしい。
　現在、ある看護学校のリハビリテーション看護という科目の中で、2時限の講義を年に1回受け持たせていただいている。その中で、障碍を持つ人の性や恋愛感など自身の経験を踏まえての話を含めながら、看護師の卵へ当事者としての経験や意見、福祉の現状や心理について講義をしているが、皆、興味深く聞いてくれる。それだけ私たち障碍を持つ人の生活に興味があるのだろうか。いつも感想文を楽しみに読んでいる。

● 私の体験

　ここで、少し私の体験を書きたいと思う。私は障碍を得て約30年になる。17歳で交通事故に遭い、2年間の入院生活とリハビリを受け、高校に復学、一浪して大学へ進学し、就職浪人をして介護リハビリ用品の商社へ入社、もう20年近く勤務している。まあ多少の昇進をしてサラリーマンとして生活を送りながら、某大学の通信教育を受け、資格取得に向けた生活を送っている。通勤には自家用車を利用している。都内のアパートに一人で生活をしていて身の回りの世話は、障害者自立支援法の重度訪問介護を月曜日〜金曜日の5日間利用している。今までお付き合いしてきた女性は、おそらく15名くらいだと思う。結婚の話は2回ほどあったが、いずれも先方の両親の猛烈な反対と信頼関係が足りなかったため、結婚までの縁はなかった。

　恥ずかしながら童貞を捨てたのはソープランドで19歳の冬、成人になる前には経験をすませておきたかった。その時代はインターネットもなく、夜、人通りの少なくなった時間を見計らって自動販売機でエロ情報誌を購入した。吉原にあるソープランドへ片っ端から電話して障碍者を受け入れてくれるお店を探し、身体の状況を説明し受け入れを依頼した。おそらく数十件は電話したと思う。やっと話を聞いてくれたのは総額4万円のお店で、受け入れを承諾してくれた。セックスへの期待というよりは、むしろほっとした覚えがある。その費用を捻出するために先輩から安く革ジャンを仕入れ、友人や後輩へ高く売りつけて金策し、足りない分は小遣いを貯め、やっとの思いでお金を準備した覚えがある。簡単にはアルバイトもできないから、お金を工面するのは大変だ。

● 脊髄損傷者の性活動

　脊髄損傷者の場合、射精をする際は命がけに近い状況になる。血圧が上昇し半端ではない動悸が起きる。射精した後、一気に血圧が低下するため強い脱力感と倦怠感と低血圧にみまわれる。特に首筋が痛くなり座位をとることは、とても苦痛である。でも快感はある。すっきりした気分も味わえる。今はお付き合いしている女性がいるので愛情もわかち合えるし、付き合いも深くなるように思える。

　セックスは二人の関係構築には大変重要なコミュニケーションだと強く感じる。人により射精をしない場合がある。変な話、ペニスに刺激を与えれば何回でも勃起しセックスができる。しかし体位は限られるから二人で協力しながらセックスを楽しむが、何かリハビリのマットでの訓練を思い出す場面もあり、二人で笑い合う時もある。射精をしない場合の終着点は体力の限界がきた時である。8時間でも12時間でも体力の続く限り、欲望のある限り楽しめる。以前、精液検査をした経験があり、脊髄に注射した反射で射精し検査を行った結果、精子の活動率は約3％と言われた記憶がある。腟内射精がしづらいため、友人も含め脊髄損傷者は人工授精による妊娠が非常に多い。

障碍を持つ当事者自身も性については個人差があり、また周りにいる仲間の影響は大きい。以前、バスケットボールのチームに参加していた時に、Aチームではマネジャーを送迎することも順番で、風俗や恋愛などの話はご法度であった。しかし、Bチームは全国大会などの遠征時など、電話ボックスに貼ってあるチラシ（現在は違法である）を取ってきてデリヘル（デリバリーヘルス：派遣による性的サービス業）に電話はするし、ソープランドなどの情報交換も盛んに行っていた。性に対し、とてもオープンであった。それだけ周りの環境に左右されるのだ。

　障碍を得たことで、以前の自分と新しい自分とが混在しているが、ADLができなかった自分から、できるようになることで生まれ変わった感覚に陥り、不思議な思いをする。リハビリが進み自立度が向上することで自信もわいてくる。その心の中は少しでも以前の自分を取り戻そうと必死であり、メンタルをそれに合わせようとするが、立ちいかない自分とのギャップに苦しむ時をむかえる。そこから障碍を得ての人生観が二手にわかれるように思う。障碍への依存と自尊心とのせめぎ合いの中で、歩けた時には味わえない感情を経験する。そんな思いの中で、私はいつも清潔で明るい顔をしてダーティなところは極力出さないようにしている。それは世間受けがよいからで、障碍を得ると否応なく人の手を借りないと物理的に生活をしていくことは非常に困難である。おそらく障碍を持つ多くの人は、他人の目を非常に気にして気を遣い極力嫌われないように振舞っていることが多い。甘えと自立の葛藤の中で生きている。

● 性支援について考えること

　性的支援の現状を言えば、まだ生まれたばかりのサービスといえる。河合香織氏の『セックスボランティア』[1]で社会現象化が起き、さまざまなところへ波及したことにもあらわれているとおり、社会的風評被害を呼ぶ可能性のある支援だと思っている。それは、障碍を持つ人の性についての誤った情報と世間の誤解と当事者の意識にも原因があるように思える。

　NPO法人ノアールの考え方としては、パーソナルアシスタントサービスを基本と考えている。食事の介助や入浴の介助や就寝の介助は公的サービスでまかなえばよいが、三大欲求の残りの一つ「性」については担保されていない。私は担保されていないことは当然だと考えている。したがって、有償サービスでよいと私は考える。つまり公的資金を使っての性的支援は日本の風習や習慣に合わないし、国民の支持を受けることはできないと思うからだ。しかし反面では、どうしようもない状況で困っている人がいるならば、支援の手を差し伸べることも当然のことだと思う。そこで、リハビリ専門職の皆さんが自助具の開発や情報提供を率先して行っていただくことで、障碍を得た直後からケアができ、また恋人や夫婦間などの人間関係のつながりもでき、当事者の幸せにつながるように思える。

● 特定非営利活動法人ノアールの活動

　性的支援の活動は社会への挑戦だと思って行っている。性に特化した活動だけではなく、障碍を持つ人が自由に恋愛したり、好きになった異性をデートに誘ったりと、自己の障碍を気にすることなく自由に恋愛表現ができる社会作りをしたいと思っている。ICF（国際生活機能分類）やノーマライゼーションなどの考え方はとてもすばらしい指針だが、それすらもなくなるような、もっと自由に表現できる社会になればよいと思う。それには私も含め多くの障碍を持つ人が、今よりもより一層努力する必要があるのではないだろうか。障碍を持っていても、男であり女なのである。そのことを忘れることがないようにしたい。恋愛対象や婚姻関係を身体の障碍を意識することなく持ちたいと思う。それには、われわれ自身も、保障や保護の中で生活している基盤をシフトして、社会での義務を果たしていく必要があると強く思う。障碍を持っていてもチャンスは数多くある。人の役に立つような活動を積極的に行っていきたい。

　ここで、特定非営利活動法人ノアールについて紹介をさせていただきたい。

　特定非営利活動法人ノアールの運営は、理事長熊篠慶彦を中心に障碍を持つ人が中心となり企画、運営を7年間継続的に行っている。支援者には大学教授、医療専門職、マスコミ関係者、メーカー、作家、風俗業界関係者など、多種他業種の多くの方々からご提案やご意見などたくさんのご支援をいただき運営をしている。活動内容は主に障碍を持つ人の性支援をベースに福祉だけにこだわらず"ERO"という共通認識のもと、熊篠福祉専門学校（特定非営利活動法人ノアールのイベント名）を通してメッセージを発信し続けている。

　2010年には懸賞コンテストの開催や地方での熊篠福祉専門学校の開校など、多岐にわたり積極的な活動を行った。有志で結成している作業療法士チームを持ち（第2章の③参照）、身体に障碍を持っていてもマスターベーションをしてもらえるように工夫されたツールの開発や、医療専門職も参加した性的支援の構築、企画、運営などの活動を行っている。

文献
1) 河合香織：セックスボランティア. 新潮社, 2004

第2章 ② 非日常生活活動―QOエロ

2．ボランティアからNPOへ
―『セックスボランティア』のその後

河合香織（ノンフィクション作家）

● 『セックスボランティア』のその後

　私は2004年に新潮社から『セックスボランティア』という本を上梓した。
　ある施設スタッフは70歳近い脳性麻痺男性の自慰介助をし、また30代の主婦はインターネットを通じて知り合った障害者の自慰介助をしていた。あるいは、性の先進国オランダにおける性的介助の現状なども取材したノンフィクションである。出版当時、最も多く届いたのは「障害者も同じ人間なんですね」という声だった。言うまでもない自明のことなのだが、障害を持っている人にも性欲があるということをそれまで考えたこともなかった人が少なくなかったことを物語っていた。
　それから8年が経った。なお変わらないことがほとんどだろうが、少しずつだが変化の兆しも見えている。
　それは「脱ボランティア」の動きである。
　『セックスボランティア』を執筆していた当時は、性的な介助は個人が個人に対して好意や善意で行っていることが大半だった。例えば、施設の職員が、家族が、訪問介護者が、看護師が、友人が、この人のためなら何かをしてあげたいという気持ちに突き動かされての行動であった。しかし、それらは「裏介護」と呼ばれることもあるほど、ひっそりと水面下で行われてきた。それでは性的介助を受けられない人がほとんどで、またコミュニケーション能力の有無にも左右されてしまう。
　このような問題点をふまえたうえで、性の介助を行うNPOがいくつか登場し、脱ボランティアを図っている。これは性的介助を表メニューにしようという試みだ。組織がルールと料金を決めて行うのであれば、個対個ではなく、組織対個での介助ができる。
　熊篠慶彦氏が主催する特定非営利活動法人「ノアール」、あるいは坂爪真吾氏による「ホワイトハンズ」などはその代表的な例である。ホワイトハンズは2008年に設立され、自身で自慰ができない障害を持った男性に対し射精介助を行う団体である。
　このような射精介助を行う団体の出現は一歩前進したことを示すが、さらに性につ

いて考えていくうえでは、恋愛や結婚の問題を無視するわけにはいかない。性的介助を利用しているのは一時的なもので、できれば心通う恋愛や結婚をしたいと思っている人の声も多く聞いた。かつては障害者の恋愛や結婚のサポートは自治体や福祉団体によって、あるいはボランティアのような形の紹介において行われてきたが、この8年の間にこの分野にもNPO団体が進出してきている。

●NPO法人による支援

1. 出会いパーティー

　2011年の師走、大阪府堺市にある国際障害者交流センター「ビッグ・アイ」1階にあるレストランは熱気に包まれていた。
　「ほっぺにちゅうして」
　"王様ゲーム"のような指令が飛び、まるでノリのいい合コンのようだ。集まったのは20～40代までの男女16人。うち、障害者は10人である。京都府や福井県などの遠方からも参加者が集まった。参加費は軽食と飲み物込みで2,500円だ。
　最初の自己紹介の後に、3班に分かれてゲームが行われた。200ミリリットルのウーロン茶かビールを目隠ししてストローで半分飲んで、残りが半分の100ミリリットルにより近い人が勝ちというもの、ハウスワインと4,000円以上するワインを飲み比べて、高級なほうを当てるものなど。最下位のチームは一気飲みや歌を歌うという罰ゲームもあり、そこでほっぺにキスの指令も出たのだという。
　会を企画した遠藤久憲さんはその前年にも東京で「きっと出会えるパーティー」という障害者のための出会いのパーティーを主催していた。
　遠藤さんは新聞社に勤める傍ら、NPO団体が発行する『Co-Co Life』という障害者向けのマガジンの編集に携わってきた。そのマガジンである時「恋愛・結婚」特集を組んでみると、障害者には圧倒的に出会いのチャンスが少ないという声が多数届いた。そこで2010年2月、銀座にあるバリアフリーレストランで合コンパーティーを企画した。
　「障害者だけが集まるのではなく、健常者も混合のパーティーにしたい」
　遠藤さんはそのように考えたが、健常者の申し込みはなかった。仕方なく、知り合いに声をかけてようやく健常者の参加者4人を集めた。この時は告白タイムはもうけなかったが、のちにカップルになったという報告メールがあった。そこで、関西版のパーティーでは一歩踏み込んで、最後に気に入った相手を紙に書いてもらいマッチングすることにした。結果的に車いす同士の20代や、視覚障害者と精神障害者の40代など、3組のカップルが成立した。10人の障害者のなかの、半数以上がカップルになったということになる。
　ただ、困ったことがなかったわけではない。参加者の女性複数に対して頻繁に電話やメールをしてくる男性がいて、迷惑しているという苦情が入ったのだ。遠藤さんが

その男性に電話したところ、男性は当初は興奮して取り合わない様子だったが、なるべく控えてほしい旨を時間をかけて伝えると納得したのだという。これは、恋愛に不慣れなための行動なのかもしれない。

遠藤さんは言う。

「障害を持っていると、積極的に外出しなくなりがちです。そんな人がアクションするきっかけには、恋愛が一番いいのではないかと。いつもと違ってめいっぱいお洒落をして参加する障害者の姿を見て、その思いを強く持ちました」

2．結婚相談

恋愛ではなく、結婚に特化したNPO団体もある。

NPO法人「横浜ブライダルセンター」は障害者向けの結婚相談所。2007年2月からNPOとして活動を始め、5年が経った。北海道から九州まで、30代後半〜40代を中心とした約90人の会員が在籍する。身体障害、精神障害、知的障害を持つ人が大半だが、10人ほどは健常者だ。

代表の清水光代さんは21年間養護学校教諭をしてきた経歴を持つ。病気のために57歳の時に退職してからは、介護ヘルパーをしてきた。その経験から、恋愛や結婚に憧れを持っているけれども自分には無理だと気持ちを抑え込んでいる障害者や高齢者が少なくないことに気がつき、NPO法人を立ち上げようと決意したのだという。

コースは応相談を含めて3種類。会員のみと見合いできるAコースと、日本仲人連盟など5団体の会員と見合いできるBコースがある。Aコースは入会金3万円、月会費3千円、お見合い料5千円、成婚料15万円だ。Bコースの会費は8,000円と値段は上がるが、そちらを選ぶ会員は7割だという。それは障害を持っていない人を結婚相手として視野に入れていることを意味する。

「私は一人っ子だし、相手は健常者がいいんです」

会員登録する時に、両親と3人でセンターを訪れた40代の女性はそう希望した。短大卒業後、大手企業に勤めていたものの、統合失調症にかかり退職。その後、乳癌になり、この先3年間は抗癌剤治療が必要だった。

障害を持つ会員からの申し込みはすべて断っていたこの女性だが、ある時ふと人工肛門になった男性と見合いをする気持ちになった。彼は「僕みたいなものでもお見合いしてくれるだけでありがたい。交際してくれるだけでありがたい。ましてや結婚してくれるだけでありがたい」という謙虚な姿勢で、彼女の条件をすべてのんだ。家事ができなくても、子どもができなくても、彼女のすべてを受け入れると話したという。その気持ちに打たれ、二人は結婚することになった。

障害を持った人の中にも、健康な伴侶を選びたいと思う人は多い。そして女性は金銭的に裕福な相手であることを条件に挙げ、男性は若さや容姿を重視しがちだという。そういう時に清水さんは会員に厳しく指摘するようにしている。

「大卒ばかりに申し込みをしたり、ドクターでないとダメだという人。あるいはご

本人が入院していた時に優しくしてもらったということで看護師であることを条件に挙げる人もいます。男性だと美人に弱い。ですが、相手の気持ちもあることです。3カ月経ってもなかなかお見合いが成立しない時は『条件を見直してください』と言うようにしています。妻として夫として家族としてスクラムを組んでいける相手であることが一番大切で、雲の上ではなく、地に足をつけ自分の背丈にあった人生を選択する判断力が要求されるのではないでしょうか」

そもそもこのような障害者向け結婚相談所の需要があるのは、大手の結婚相談所では障害者は圧倒的に不利だという現実がある。センターを訪れる人の中でも、大手の相談所や出会い系サイトの登録をしたことのある人も少なくない。けれども、障害を理由に断られたり、すぐにホテルに行こうと言われたり、本人は障害がなくても家族に障害者がいるという理由で断られることもあって、このセンターに辿り着いたのだという。そういう隙間に落ちた人々を救済するために、社会に寄与・貢献するNPOの存在が必要となるのだろう。また、今までにあったようなお見合いボランティアのようなものでは安定的な出会いを提供できないからだ。

このように条件ばかりで相手を選んでしまいがちである結婚市場で、本当のパートナーの意味を考えるべきだと清水さんは言う。心の安定、心の安らぎが何よりも大切ではないかと。

とはいえ、そんなセンターでさえも、生活保護を受けていたり障害年金しか収入のない男性の入会は断っているのだという。

「財産や家はありますかと聞いて、それもない場合はお断りしています。月会費をいただいても女性から申し込みがなかったら申し訳ないからです」

一方、女性の場合は生活保護受給者でも会員として登録できるそうだ。心の問題などときれいごとだけでは終わらない、シビアな現実がみえてくる。理想をつり上げる人が多い中、反対に自分を卑下してしまう人も少なくない。そんな人に清水さんは話しているという。

「自分で自分を貶める必要はない。こんな私みたいな女と結婚できないなんて損しているわと思ってくださいと。障害があろうとなかろうと完璧な人間はどこにもいないのと同じで、完璧な結婚生活はない。恐れていたら何もできない」

清水さんは時に見合いにも同行する。そんなきめ細かいケアもあって、これまでの成婚者は90人、昨年だけで24人に上った。

脳性麻痺の障害を持つ中村正文さん（仮名）は41歳の時にセンターで知り合った女性と結婚した。20代終わりから30代にかけて3年ほど大手の結婚相談所に入会していたが、プロフィールに障害のことを書いていたためか、相手に会う前に断られてしまうことの連続だった。その後、「障害者 結婚」とパソコンの検索エンジンに入力して知ったセンターに4年前に入会。縁に恵まれず1年後に退会した。

「もう一生一人でもいいかな」

そんなふうに諦めることもあったが、結婚したいという夢を捨てきれなかった。中村さんは母が家を出て、父は酒を飲んでばかりいるという家庭に育った。障害を抱え

ているうえに、家庭問題で頭を悩ませていた子ども時代。自殺しようと小学校6年生の時に思ったのだという。

「きっかけは運動会です。右半身が不自由な私は組体操ができなかったために、マイクで案内役をすることになりました。しかし一生懸命やっているつもりなのに、それさえもクラスメイトになじられた。もうダメだと思いました」

その時に、人生の後悔はないのかと自問した。わき上がってきたのは、「この世に生まれてきた以上、誰か一人のために生きて、誰か一人の人を幸せにしたい」という強い願いだった。

夢を叶えるために、中村さんはセンターにもう一度入会した。

見合いの待ち合わせ場所は、茨城県に住む彼女の自宅近くのバーガーショップ。だが、中村さんは彼女に会って5分ほどで店を出た。開口一番、彼女が「中村さんにとって結婚とはどういうものですか？」と尋ねたからだ。ゆっくり向き合って話したいと思い、二人で近くのカラオケボックスに行き、結婚観について2時間話し合った。その後、帰りの電車の中で中村さんはセンターからの連絡を受けた。彼女が交際をしたいと言っていますと。その半年後に二人は入籍した。

「妻は心の病気で今も入退院を繰り返しています。そして生まれつき股関節脱臼があり歩く時に左側に傾く。私は右に傾く。似たような歩き方です。お互い苦労してきて弱者だからこそ、結婚して年を重ねるとともに幸せになれるのではないかと思いました」

中村さんは小学校6年生の時にもう一つ決意したことがある。リレーでビリを取った時に応援に来てくれていた父の何とも言えない表情がどうしても忘れられなかった。それから右足で走って左足は添えるだけの走り方で、フルマラソンを走るようになって20年になる。

「障害を持っていると自分を好きになれる人は少ないかもしれない。けれども、自分で自分をマイナスだと思うと不幸になると思うんです。足りない部分は成長できる材料だし、ハンディのある人生はやりがいがあると今は心から感じています」

平成18年の厚生労働省の調査によると、身体障害者の配偶者がいる割合は約6割であった。

ボランティアや行政だけではケアできないこのような分野—恋愛や結婚、そして性において—NPOの役割が増している。

第2章 ③ 特定非営利活動法人ノアール OT 班からの発信

1. 性を語るのは特別なこと？
―自身の体験より

長田杏奈（特定非営利活動法人ノアール，作業療法士）

●「障害者の性」との出会い

　筆者が「障害者の性」というテーマに関わるきっかけは、今から10年ほど前、大学での研究法の授業で「研究といっても大それたことはない、ただ自分が不思議に思うことを調べるだけのことだ」という恩師の言葉だった。不思議に思うこと、まず頭に浮かんだのは「みんなちゃんとセックスできてるのかなぁ」ということだった。

　食事や入浴、排泄といった日常生活活動（ADL）の支援については授業でしっかりと教わってきた。しかし、それらに限りなく近い領域であると筆者には思えた「性活動」に関しては、一切話題に上ることはなかった。リハビリの現場で、性について相談するのは相当勇気の要ることだろうという気もしたし、気心がしれてくると下ネタの一つも飛び出すような気もした。純粋にわからなかったし、知りたいテーマだったので、筆者は卒論でセラピスト（作業療法士、理学療法士）に、身体障害者の性へのかかわりをアンケート調査した。結果は十人十色の千差万別。「考えたこともなかった」と言うセラピストもいれば、「よく話題に上る」というセラピストもいた。しかし、障害者の性に関わることはあっても、その対応はほとんどが個別レベルで、体系化された理論や症例を報告する研究もない。ましてやセラピスト養成校で、障害者の性に関する教育を受けた経験は、ほとんどないのが10年前の現状だった。

● 理想と現実、周囲との温度差

　筆者はこの卒論をきっかけに、身体障害者の性を支援する特定非営利活動法人ノアール（以下、NPO法人ノアール）代表の熊篠慶彦氏と出会い、イベントなどに関わることとなる。さらに社会人となって1年目、この卒論をベースに地元の作業療法学会で発表。新人の分際で学術奨励賞をいただき学術誌に論文まで投稿することとなる。この時の周囲の反応はたいへん大きかった。「時代の寵児」のような扱いで「目の付けどころがすごい」「今まで誰も踏み込めなかったテーマだ」「本当に大切で、これ

から真剣に取り組んでいかなければならない分野だ」と賞賛の嵐だった。筆者としてはこの過剰ともいえる反応が逆に不気味で、「そんなに性って特別なことなんだろうか」と一人渦の中心で冷めた感覚を持っていた。同時に違和感があったのは周囲の反応の大きさと裏腹に、「自分も一緒に取り組みたい」と名乗りを上げる仲間があらわれないことだった。「さすがあなたは普通の人と違う」「なかなかできることじゃない」、純粋にほめられているのだが、「そんな恥ずかしいこと、とても私にはできない」という言葉が裏にあるように思えてならなかった。

　そんな感覚が現実のものになったエピソードがある。熊篠氏を札幌に呼んで講演会を企画した。学会で大々的にビラをまいて宣伝し、あらゆる知人に声をかけて勧誘した。反応は上々だった。「おもしろそう」「大切な分野だよね」「なかなか聞ける話じゃない」と好意的な声ばかりもらったが、ふたを開けてみると参加者は4名、しかもセラピストは企画者だけで、他は当事者と一般の方であった。せっかく熊篠氏に来ていただいたのに、単なる北海道旅行となってしまい、こんなにも筆者は人望がないのかと情けなかった。同時に性というテーマは、大多数のセラピストにとって「大切なのはわかってはいるけど、自分にはあまり縁のないもの」なのだと再確認した。

　そういう筆者も臨床の現場では精神科の病院に勤務し、「性支援」というものからかけ離れた毎日を送っている。精神科の対象者は人間関係や意思の表出といった身体障害分野とは違う「性」への難しさがある。もちろん恋愛や結婚に悩む対象者に接することはあったが、主に入院中の患者を対象としていた筆者にとって、まずは生活を組み立てていく支援が最優先で、「性」に関わるテーマは対象者との距離を縮める「わい談」レベルになっている。言い訳になってしまうが、日々の家事や業務に追われ、とても性の支援まで踏み込めないのが現状である。

● 性への偏見と生きる喜び

　そのように臨床では性支援の経験を持てずにいるが、筆者の根底には卒論のテーマを決めた時の気持ちがずっと残っている。遠方でなかなか上京できないが、NPO法人ノアールのイベントにも時々顔を出している。ここでも、やはり気になったのはNPO法人ノアールに関わる作業療法士の少なさである。徐々に増えてきたといっても4名、ノアールがNPO法人化され、著名人がイメージキャラクターを描き、月刊『作業療法ジャーナル』誌で記事が掲載されたというのに寂しい現状だと思う。ここでもやはり「大切なことだと思うけれど、私にはできない」という大多数の感覚が反映されているのだろうか。

　たしかに「性」というテーマはつかみどころがない。ひと口に言っても単に性欲を満足させる側面もあれば、パートナーとの人間関係という側面もある。結婚や出産となれば経済的自立まで絡んでくる。「性行為」といっても性交、スキンシップ、自慰、さらにパートナーとの愛の語らいから風俗店の利用までも「性に関する行為」として上がってくる。

また支援する側もされる側も性に対する価値観が多様で、それは日本の文化、世代間・男女間のギャップ、さまざまな要因が複雑に影響している。特に性に関してかなりオープンになったとは言われているが、やはり欧米諸国に比べて日本は性をタブー視する意識が強いように感じる。しかしそのタブー視すらも「隠されているからこそ神秘的」「いやらしいからこそ興奮する」と、「性」というものの価値を高めているようにも思える。一つの側面から論じることができないのが性の難しさでもあり、おもしろさでもあるのだ。

　実際筆者も「障害者の性の支援をしています」と言うと、さまざまな反応に戸惑ったことがある。「それはすごい」とほめられながら「結婚して子どもができたら、もっと活動しやすくなるよ」と言われた時は「嫁入り前の娘が性を語るのは、はしたない」という偏見が隠れているような気がした。では実際に結婚したら変わったのか？　筆者が卒論を書いた時、彼氏は心から応援してくれて自分の経験を話し、賞をもらった筆者を誇らしく思ってくれている様子だった。しかしその彼氏が夫となり、「奥さんおもしろい活動してるね」と他のセラピストから言われた際には「正直あまり気分のいいものじゃないけどね」と返していた。もちろんその気持ちはよくわかる。「特別なことをしている」という負い目と優越感が共存するうちは、まだまだ筆者自身も「性」というテーマに対する偏見を拭いきれていないのだと思う。

　なんだかネガティブなことばかり述べてしまったが、それでもやはり性の支援は作業療法士に求められているし、取り組んでいかなければならないと思う。皆さんも思い出してほしい、恋を実らせるために思い悩んだこと、もてたくて必死に雑誌を見て研究したこと、エッチな本を学校に持ち寄ってこっそり回し読みしたこと。性には人を前向きにするパワーがある。苦悩と幸せ、泥臭いが生きる喜びが詰まっている。歳をとったから、病気になったから、障害を持ったからといって「性」を諦めることなどない。私たちセラピストはまず関心を持つことから、第一歩を踏み出していかなくてはならないと思う。皆が性支援の専門家になる必要はない。ただ自分の対象者も性支援を求めているかもしれない、という視点を忘れないでほしい。そしてニーズがあれば自分に対処できることなのか、対処できる専門家は誰なのか、見極めて適切につなげていくことが肝心となる。

　何の知識も経験も必要ない、必要なのは、ちょっとばかりの勇気と関心。この本を手にとってくださったあなたがNPO法人ノアールにアクセスしてくださることを心より願う。

第2章　③ 特定非営利活動法人ノアール OT 班からの発信

2. 性のノーマライゼーションに向けて
―言葉の定義を説明し，一般社会に理解してもらえるように

田畑雄吉（特定非営利活動法人ノアール，作業療法士）

● はじめに
（障害者の性についての偏見と一般社会に理解してもらうための提案について）

　特定非営利活動法人ノアール（以下、NPO法人ノアール）では、身体障害者の性に関する支援、啓発活動を行っている。これまでの活動の中で、障害者の性の認知度の低さや偏見（エロ・イヤラシイなどの）など一般社会からさまざまな意見があった。性という内容は、健常者でも障害者でも関係なく重要であるという点は誰もが理解しているが、上記のような偏見が存在する現状がある。

　そこで、今回は言葉の定義を簡略的にまとめ、活動の中核としての「性のノーマライゼーション」に向けて、医療福祉関係者だけではなく、一般社会にも、なぜ専門職に性生活支援が必要であるかを説明をする際の一助にしていただければと考える。

● ノーマライゼーションについて
（ノーマライゼーションと性生活支援への観点は密接である）

　性に関する活動をしている中で、性に関する個人の認識はさまざまで、まさに十人十色であることを目の当たりにする。性に対しての話に関心を示す人もいれば、拒絶反応を示す人もいる。そして、活動内容より世間から偏見の目を向けられることもあり、批判を受ける場合もあるということを、筆者ら（NPO法人ノアール）は理解しており、筆者らの活動が万人に理解してもらうことは、時間のかかる難しいことかもしれない。

　それは一般の人だけではなく、医療福祉関係者も例外ではない。医療福祉関係者向けに性に関する活動の話をしても、性の活動への興味はあるが、「一緒に行う」など、積極的に活動へ参加される方は少ない。障害者の性に関わる必要はないと言われる場面もあった。性の問題に関して、遭遇する頻度の少ない仕事場（仕事領域）の場合、関わる必要性に気づくことができずに他人事のようになっている場合もある。

しかし、脳性麻痺の当事者でもありNPO法人ノアールの理事長でもある熊篠慶彦氏は、「医療福祉関係の専門職が、学校で障害者の性に関して学んでいないから知らないというのは、それはしようがない。しかし、当事者からしたら、それでは困る」という話をよくする。現場からも、本当に困っている方がいるという話も多くあり、まずは障害者の性について知ることから始めることが重要であると感じる。

NPO法人ノアールでは、活動の中核に「性のノーマライゼーション」を掲げている。性はわかるが、ノーマライゼーションという言葉を聞きなれない方も多いと思う。そこで、ノーマライゼーションと、ノーマライゼーション提唱の8つの原則の話をしていきたい。

ノーマライゼーション（normalization）とは『正常化の意』であり、「高齢者や障害者を施設に隔離せず、健常者と一緒に助け合いながら暮らしていくのが正常な社会のあり方であるとする考え方。また、それに基づく社会福祉政策。ノーマライゼーション」（大辞泉より）とある。平たくいうと「障害を持つ人も高齢者も子どももすべての人が特別視されることなく、同じように社会の一員として、当たり前の個人として、社会生活に参加し、行動することができ、また日常の生活においては、障害を持つ人たちのさまざまな欲求が障害を持たない人と同様に、ごく自然に満たされていくことが当然であるという考え方」である。

また性とノーマライゼーションの関係を歴史的な点で説明していくと、1968年にBengt Nirjeは、ノーマライゼーションについて具体的目標を挙げており、例えば「ライフサイクルを通して、ノーマルな発達のための経験をする機会を持つこと」などがある。さらにBengt Nirjeはノーマライゼーションについて、8つの原理を提示しており、その中に「その文化におけるノーマルな性的関係」という項目がある。これは、(知的)障害者の少年と少女、女性と男性が毎日さまざまな場に普通にいること。男性、女性どちらもいる世界に住むということともいえる。「子どもも大人も、異性との良い関係を築く。十代になると、異性との交際に興味を持ち、大人になると、恋に落ち、結婚しようと思う」と説明されている。希望するカップルは一緒に住めることを挙げている。

このように歴史的、理念的にも、ノーマライゼーションと性生活支援への観点は密接な関係にあり、世界的にも取り組まれている活動である。性生活支援は、ノーマライゼーションの基本に位置する要素の一つであり、生活の中の項目でも支援していくことが必要な項目である。

具体的な例として、私たちは普段の生活の中でマスターベーションや、生理用品の扱いなどをごく当たり前に行えている。しかし、なんらかの障害があることで、ごく当たり前のことが、当たり前にできない方々が世の中に多くいる。現在、NPO法人ノアールで行っている性のノーマライゼーションへの活動として、性生活支援などのサービスを充実させていくために、性生活支援に関連する自助具の作成や、計画段階ではあるが性的介助士の制度化やコーディネーターへの活動を進めている。具体的な個々の内容については他稿を参照されたい。

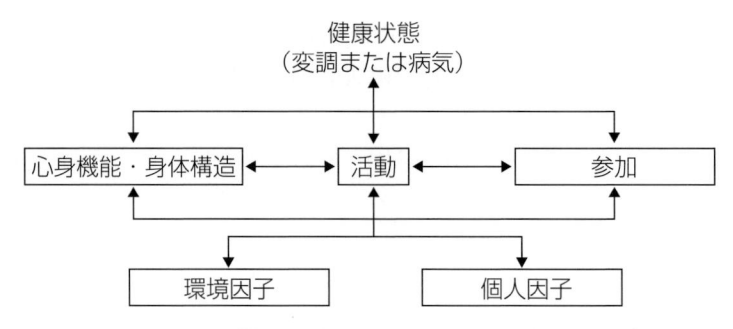

```
              健康状態
           （変調または病気）
                 ↕
   ┌─────────┐  ┌────┐  ┌────┐
   │心身機能・身体構造│↔│ 活動 │↔│ 参加 │
   └─────────┘  └────┘  └────┘
         ↕         ↕        ↕
      ┌──────┐        ┌──────┐
      │ 環境因子 │        │ 個人因子 │
      └──────┘        └──────┘
```

図1　ICFの構成要素間の相互作用（WHO，2001）

●ICFについて

　ICFというと、医療福祉専門職であれば一度は聞いたことがある言葉かもしれない。ICFとはInternational Classification of Functioning, Disability and Healthの略称で、日本語では国際生活機能分類という。

　これは、世界保健機関（WHO）総会において採択されたもので、厚生労働省ではICFの考え方の普及および多方面で活用されることを目的として、ICFの日本語訳である「国際生活機能分類—国際障害分類改訂版」を作成し、厚生労働省ホームページ上（http://www.mhlw.go.jp/houdou/2002/08/h0805-1.html）で公表している。ICFは人間の生活機能と障害の国際的な分類法であり、人の健康状態をどのようにみていくかという国際的にも共通認識を図るための視点が盛り込まれている。

　ICFは、身体・個人・社会という3つの視点に立って、ある健康状態にある人に関連する、さまざまな領域を、心身機能・身体構造、活動、参加に系統的に分類するものであり、個人の生活機能、障害および健康について記録するのに役立つものである。そして、心身機能・身体構造、活動、参加のそれぞれは、相互に影響し合っているという双方向の矢印で説明している（図1）。障害とは、これら3つの生活機能に問題が生じている状況と捉えており、さらにICFでは、生活機能に影響する要因として背景因子を設け、「環境因子」や「個人因子」により、生活機能の状態、つまり、障害の困難像が変化してくる可能性があることを示している。

　また、ICFのそれぞれの項目は1,424の種類にコードで分類されており、どの国においても通じる共通言語である。もちろんICFの中には、性に関することが記載されている。ICFにおける性生活に関係する分類コードを取り上げてみた（表1）。

　このICFを用いて、作業療法士の視点から考えると、e1の生産品と用具（生活補助具）や、e5のサービス（福祉サービス）などの、環境因子を充実させることで、障害のある人の「心身機能・身体構造」や「活動と参加」の困難さを支援することができるわけである。

　性に関して例を挙げると、「脳性麻痺の方（男性でも女性でも）がいて、一人では自力でマスターベーションや生理用品の扱いができない。その際、どのような姿勢、どのような道具（自助具や環境方法など）を使用すればマスターベーションや生理用品

表1 ICFにおける性生活に関する分類モード

共通評価項目	ICF対応項目
心身機能（b）	b6 尿路・性・生殖の機能　b640 性機能　性活動に関連した精神的機能。刺激段階、準備段階、オルガズム段階、消褪段階を含む、b650 月経の機能（月経周期に関する機能、月経の規則性と月経血の排出を含む）、b660 生殖の機能（生殖能力、妊娠、出産、乳汁分泌に関連した機能）、b670 性と生殖機能に関連した感覚（性的刺激、性交、月経、および関連する性と生殖機能から起こる感覚）
身体構造（s）	s6 尿路性器系および生殖器系に関連した構造　s630 生殖器系の構造
活動と参加（d）	d5 セルフケア　d520 身体各部の手入れ、d530 排泄、d570 健康に注意すること　など d7 対人関係　d770 親密な関係、d7700 恋愛関係、d7701 婚姻関係、d7702 性的関係　など
環境因子（e）	e1 生産品と用具　e115 日常生活における個人用の生産品と用具 e3 支援と関係　e310 家族、e355 保健の専門職、e360 その他の専門職　など e4 態度　e410 家族の態度、e425 知人・仲間・同僚・隣人・コミュニティの成員の態度、e450 保健の専門職の態度、e455 その他の専門職者の態度、e460 社会的態度、e465 社会的規範・慣行・イデオロギー　など e5 サービス・制度・政策　e555 団体と組織に関するサービス・制度・政策、e560 メディアサービス・制度・政策、e580 保健サービス・制度・政策、e585 教育と訓練のサービス・制度・政策　など

の扱いがうまくできるかという、そういった「環境因子」を提供することで、「心身機能・身体構造」において、手足に困難がある脳性麻痺の方でも、マスターベーションや生理用品を扱う「活動」を、問題なく行うことができるようになるかもしれない。また、「参加」としてさまざまな情報交換の場などを利用し、他者と同じ悩みや情報交換など、つながり合うこともできるかもしれない。

つまりICFは、先ほどのノーマライゼーションの考えを具体的に実施し、説明していくことができる考え方である。地域生活を送っていくうえで、生活と性生活は密接な関係にあり、生活支援と性生活支援は同一線上に位置している。そのため、性生活への支援は生活支援の中に含めて考えていかなければならない。ICFを共通言語とし、人の健康状態をみていくうえで、性に関する内容にも意識を向けていただけたらと考える。

● おわりに

医療福祉関係の現場では、実際の例として、比較的若い患者を担当した際などに、臨床場面での相談にのることもあり、性に関して困っている当事者がいる事実がある。その際に、具体的な質問に対して答えることができない場合、どうするかという点がある。医療福祉関係の専門職全員が、性に関してのプロフェッショナルになる必要はないかもしれないが、困った時に相談できる場所（ICFでいう環境因子）を知っておくことは重要であり、情報提供できる準備はしておきたい。医療福祉の専門職として、ここにアクセスすると優良な情報が手に入りやすいということを紹介できるパイプライン的役割が、まずはできればよいと考えている。また、NPO法人ノアールもその一つになればと思う。

第 2 章　3 特定非営利活動法人ノアール OT 班からの発信

3．セクシュアリティと性の捉え方
―作業療法士が関わるために

松浦温子（特定非営利活動法人ノアール，作業療法士/看護師）

● 作業療法の対象としての「セクシュアリティ」

　作業療法を行う中で「セクシュアリティ」な問題を対象者の問題として評価し、アプローチを行った経験を持つセラピストはどれくらいいるだろうか。そもそも「セクシュアリティ」に問題を持つケースがいることさえ、無視してしまっているセラピストが依然として多いのではないだろうか。
　「セクシュアリティ＝セックス」という考え方は決して正しくない。SIECUS（米国性情報・教育評議会）のメンバーであったカーケンダール（Kirkendall LA）[1]は、セクシュアリティを「人間の身体の一部としての性器や性行動のほかに、他人との人間的なつながりや愛情、友情、融和感、思いやり、包容力など、およそ人間関係における社会的、心理的側面やその背景にある生育環境などすべてを含む」と述べている。このように「セクシュアリティ」が捉えられるのであれば、作業療法が介入することは当たり前ではないだろうか。

● 基本的欲求としての「セクシュアリティ」

　また違う側面から「セクシュアリティ」や「性」を考えるならば、「性欲」とはどう位置づけられるのであろうか。マズロー（Maslow AH）の「欲求の階層説」では、「性欲」は最下層の基本的（生理的）欲求に含まれる（図1）。その上の階層は「安全の欲求」、次は「愛・集団所属の欲求」「自尊心・他者による尊敬の欲求」「自己実現の欲求」と階層は上になっている。人は低次の欲求が満たされると、高次の欲求に移行していくと述べられている。つまり、基本的欲求（性欲・食欲・睡眠欲）が満たされないと、他の欲求は無視されてしまうということである。
　われわれが常々、関わっている対象者に、この欲求の階層を当てはめ考えてみよう。例えば、不眠で空腹感が強い対象者に、ADL 訓練として起居移乗動作の訓練を実施しても、その対象者はまったくといってよいほど訓練の効果は示せないであろう。基本

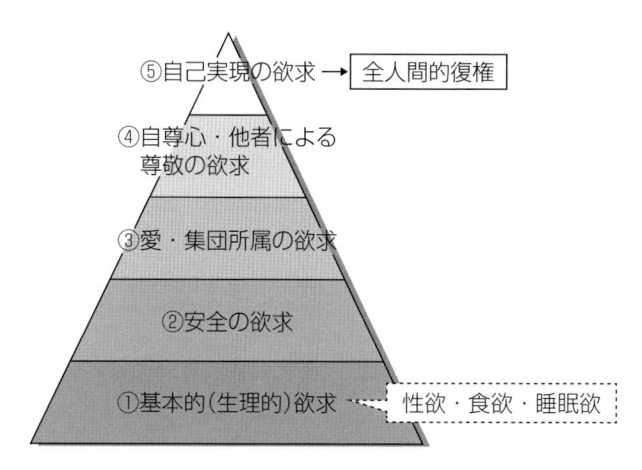

図1 マズローの欲求階層説と全人間的復権

- ⑤自己実現の欲求 → 全人間的復権
- ④自尊心・他者による尊敬の欲求
- ③愛・集団所属の欲求
- ②安全の欲求
- ①基本的(生理的)欲求 …… 性欲・食欲・睡眠欲

的欲求が満たされないと、次の階層である「安全の欲求」の階層へは進めないのである。

しかし残念なことに、食欲、睡眠欲は満たされないと生命を揺るがす大きな問題となる。それに対して性欲は生命には関わらないと捉えられがちである。種族保存としての生物の本能であるにせよ、個としての生命維持には大きく関与していないと考えられるだろう。けれども、基本的欲求としての「性」を「セクシュアリティ」「コミュニケーション」として捉えるならば、生命と関連して考えやすいのではないだろうか。

またマズロー[2]は「基本的欲求の阻止は精神病理学的兆候を作り出し、基本的欲求の満足は、心理学的にも生理学的にも健康なパーソナリティを生み出す」とも述べている。つまり、基本的欲求の欠如が病気を生み、その満足が病気を防ぎ、その回復が病気を治していくと考えられる。したがって、セラピストとして、対象者の基本的欲求は満たされているであろうか、どの欲求が満たされていないのだろうかという「欲求の階層説」を基にした視点を持つことは重要である。

基本的欲求から満たされることが、最上層の「自己実現の欲求」へと結びつき、リハビリの基本理念である「全人間的復権」を成し得ると考えられるならば、セラピストとして「性」へのアプローチを行うことはごく当たり前のことであろう。

● コミュニケーションの一環としてのセクシュアリティ

けれども「性」について考えるならば、いまだタブー視されているところが大きいだろう。

「性」というものは、一般的にはプライベートな領域のブラックボックスに閉じ込められていて、個人の自己決定に自己責任を抱き合わせて処理されるものであり、今なお現代の日本においては「性＝性欲＝身体接触を伴うもの」として捉えられており、男性中心に考えられ、女性などはその対象でしかないという発想が根強いと感じてい

る。この現状は悲しいことに、現代の医療福祉業界でも同様ではないだろうか。作業療法しかり、看護の世界においても「性」については黙殺されていると思われる。看護学校においては産婦人科や泌尿器科の授業はあっても、「性」に重きを置いた授業は、少なくとも筆者が学んだ時代にはなかった。作業療法士になるために学んだ専門学校では、残念なことに産婦人科や泌尿器科の授業さえなかった。

「性＝セクシュアリティ」についての視点を持つことの重要性は述べたが、さらにここでは「性」「セクシュアリティ」に関わる以上、セラピストも解剖学的・生理学的知識、産婦人科や泌尿器科の知識が重要だということを重ねて述べておきたい。臨床で何年にもわたり活躍しているセラピストの大多数の性の知識は、一般人と同じレベルではないだろうか。「教えてくれなかった」とすまされることではなく、自ら学び知識を深めてほしいと願うものである。

筆者が新人の作業療法士として初めて担当した左片麻痺の70歳代の男性がいた。発症から数年が過ぎており、T字杖でどうにか歩行しADL全般は見守りから一部介助を要するレベルであった。訓練へのモチベーションは低く、訓練の時間をどうにかやり過ごすという印象が強いケースであった。しかし、ROM訓練など身体接触を伴う訓練や女性の話になると積極的な面が認められた。

このようなケースは決して少なくないと思うが、セラピストとして、どのように接し、評価・訓練を実施するであろうか。「単なるセクシャルハラスメントだ」「そのようなケースは距離を置く」「拒絶する」と考えるセラピストもいるだろう。筆者はこのようなケースの態度を「セクシュアリティ＝コミュニケーションの一環」として捉え、ケースを変えるチャンスだと考え、アプローチを行った。その結果、ADLでは大きな変化はみられなかったが、訓練には休みなく通院され、他のリハビリスタッフ、院内スタッフとのコミュニケーションが増えていった。

新人の頃は、このケースの変化の根拠がはっきりとせず、介入方法として他により良い方法がなかったのか、自問自答を繰り返していた。けれども、マズローの「欲求の階層説」やNPO法人ノアールでの活動や勉強会と照らし合わせて考えていくと、答えがみえてきてるような気がしている。自分の担当した対象者から性的な発言を受けた場合、それを「性＝セクシュアリティ、コミュニケーション」として捉えるのか、拒絶するのか、それにより対象者の今後の人生の大きな岐路となることは明白である。

● 医療福祉の中で「性」をみつめる

「性」の欲求をすべて満たすことは困難である。しかし、ほんの一部でも満足することができれば、対象者の人生はより豊かなものになる。作業療法を行う中で、モチベーションの向上は重要だといわれているが、その一端を「性」が担っているという視点も持って対象者とのかかわりを築いていってほしいと思う。

「性」は、身体的要素だけではなく精神的な要素も含み複雑なものである。また、環境や生育歴など複数の要素も含んでいる。それだけ自由であり、数多くの可能性や意

味を持っていると考えられる。まずは、自分自身の「性」に対する感情や、思考について見つめ直し、「性」が生活の一部として、豊かなものであるように、医療福祉関係者は関わっていくべきではないだろうか。

最後に、看護の基本であるナイチンゲール（Nightingale F）の『看護覚え書』に「science の知識よりも現実の経験や観察から得た職人的な技である art の知識を彼女は看護の本質とみる」という記述がある[3]。また、「手先の仕事があなたにとってどれほどの気休めになっているか、そして病人は手先を使うことを奪われたことによって、そのイラ立ちをどれほどつのらせているかを、あなたはわかっていない」とも述べている。この言葉は作業療法に関わるセラピストにも当てはまるだろう。本質を見極めた手先の仕事ではない作業療法の一つとしての「性」「セクシュアリティ」の問題へのアプローチを行い、筆者が述べた考えが医療福祉業界でのスタンダードとなることを期待する。

文献

1) カーケンダール LA（著）, 波多野義郎（訳）：人間関係学からみた性教育の課題. 現代性教育研究 42, 小学館, 1980
2) マズロー AH（著）, 上田吉一（訳）：完全なる人間—魂のめざすもの. 誠心書房, 1998
3) ナイチンゲール F（著）, 湯槇ます, 薄井担子, 小玉香津子, 他（訳）：看護覚え書—看護であること看護でないこと　改訳第 7 版. 現代社, 2011

第 2 章　③ 特定非営利活動法人ノアール OT 班からの発信

4. 身近な素材でできる性的自助具づくり

田中由紀（特定非営利活動法人ノアール，作業療法士）

● 100 円ショップで自助具づくり

　近年、100 円ショップは小さなホームセンターと化している。作業療法士になってから、100 円ショップをチェックして回ることが習慣になった。「自助具」とは、その人に足りない機能を補う道具であるが、製作には、その人の体の大きさ・動きにマッチして行為を達成すべく、微妙な調整を要する。したがって、さまざまな材料を調達して試行錯誤を繰り返す過程が必要となる。身近にあって、安価で少量の多様な素材を提供してくれる 100 円ショップは宝の山である。
　よく使われるのが孫の手である。昔ながらの竹製のものからプラスチックのものまで多様な長さ、カーブ、素材のものが 100 円で売られている。孫の手は、高齢者が自身の手が届かない背中をかくために使うものと思われる。しかしこれは、リハビリの場で「リーチャー」といわれる、「手の届かない場所のものをひっかけてとる」ための自助具ととてもよく似ていて、多彩な使い方が可能だ。
　筆者の勤務する病院でも脳卒中による片麻痺やリウマチにより、トイレでズボンを下ろす時に手がズボンまで届かない方や、ベッドの足もとの床の靴を座ったまま拾いたい患者様に、100 円の孫の手が活用されることがある。この「手を届かせる」という機能をローター（電動で性器に刺激を与える道具）と合体させることにより、「性器に手が届かない」かつ「性器を刺激する」手の動作が困難な方でも、性器の愛撫を可能にする自助具「孫の手ローター」を作ることができるのである（図 1）。これは特定非営利活動法人ノアール（以下、NPO 法人ノアール）の熊篠慶彦氏考案で、方法はローターを孫の手の先に固定するという単純なものであるが、熊篠氏は、素材・長さ・カーブの異なるさまざまな孫の手を集め、どの方にも使いやすいものを検討した。

● カフベルトの活用

　では、孫の手を握れない人は、どうすればよいのであろうか。リハビリの場では、

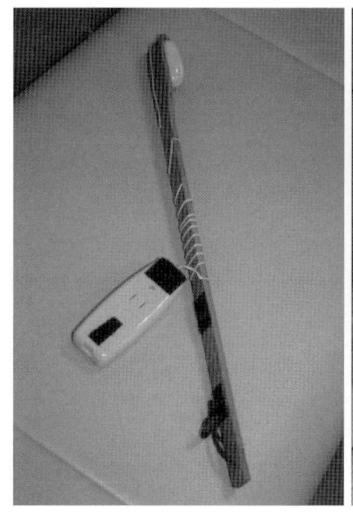

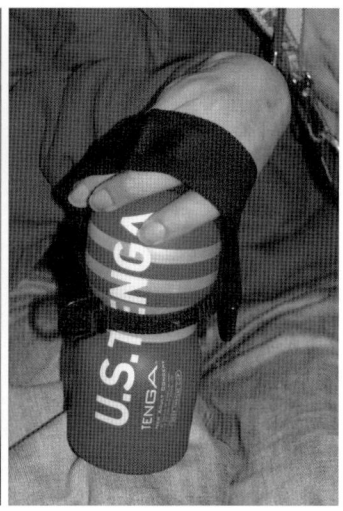

図1　孫の手ローター　　　図2　TENGA®用カフ

　日用品（スプーン、歯ブラシ、くし、筆記具など）を握れない場合には、カフベルトを用いて直接手に道具を固定する方法を提案している。その人の手のサイズに合わせたカフベルト（皮や綿製）に、ポケットを付けておき、食事の時はスプーン、食後の歯磨きでは歯ブラシ…という具合にポケットの道具を差し替えて使う。こうすることで、ものを握る力はなくても、腕を動かすことができれば食事や歯磨きや書字が自分で行える。
　さまざまな道具の使用を可能にするカフベルトであるためか、万能カフと呼ばれる自助具である。これはリハビリ・介護・福祉用具として製作販売されている。しかしこのカフベルトも簡単に作ることができる。手芸店で、手提げかばんなどの持ち手に使われる綿やアクリル製のテープ（カバンテープ）と平カン（プラスチック製の平らな四角）とマジックテープを購入し、組み合わせて縫い合わせるだけである。このベルトを「孫の手」と持ちたい人の手に固定できるようにカフを作ればよい。
　万能カフをさまざまな形状の道具に装着できるように作り替えれば、いわゆる「大人のおもちゃ」を手に固定することが可能となる。「TENGA®」（男性用のマスターベーショングッズ）を手に固定できるようにカフを作製してみた（図2）。熊篠氏の依頼によるもので、材料費は数百円ですむ。このTENGA®用カフの装着が困難な場合には、ベルトを口にくわえて付け外しができるように長めのひもを縫い付けるなどの工夫も可能である。
　他にも自助具の製作に使えそうで安価な便利グッズをご紹介しよう。物がずんどうのままでは握りにくい時、お湯などの熱でやわらかくなる可変性のゴム（「おゆまる®」など）を自分の握りやすい形にして取りつけることによって、物が握りやすくなる。滑って物が持ちにくい場合は、「輪ゴム」を巻きつけるだけでも変わる場合がある。100円ショップでも売っている「滑り止めマット」を好きな形に切って貼りつけるこ

ともできる。
　またチューブ入りの液体ゴム「スベラナイン®」は、布・木・金属・ガラスなどさまざまな素材に好きな形で接着でき、滑り止めになる。

● 自助具づくりはまごころから

　このように身近で安価な素材が自助具づくりに活用できる。しかし、一番頭を悩ませるのは何をどう使えば自助具になるかというアイデアかと思われる。活用のアイデアはインターネットでたくさん紹介されている。液体ゴムの滑り止めは、多くの方が紹介しているが、中には赤ちゃんの靴下の裏につけることによって転倒を防止したいというお母さんもおられた。
　自助具の専門家は、『医療・福祉の専門家』だけではなく、自分や身近な人の生活を、なんとか安全で楽しく、豊かにしたいと願うすべての人なのだと痛感する。

1. 男性身体障害者と「性」

第2章 ④ 鼎談《性支援の意味を考える》

　障害者の「性」において、支援する側と支援される側では意識の相違があり、それが大きな障壁となって、支援される側の生活に影響を及ぼす。そこでは人の生活において決して特別ではない「性」が、障害者においては特別視され、また無視されている現状がある。「日本の障害者の性はタブーにすらなっていない」という発言は、その現状を言い表しているだろう。
　ここでは、男性の当事者で啓発活動もしている立場から、また実際に性支援を行っている立場から、それぞれ性にまつわる問題点と、専門職に望むことを語っていただき、リハビリテーションの専門職が性支援に関わる意味と取り組む方向性を考える。

出席者

司会：鶴見隆彦

厚生労働省社会・援護局総務課補佐官、作業療法士

　1957年、高知県生まれ。1980年、国立療養所東京病院附属リハビリテーション学院卒業。同年、川崎市リハビリテーション医療センター勤務。1987年より大バンクーバー精神衛生機構（GVMHS）にて研修。2003年、群馬大学大学院医学系研究科修士課程修了、翌年、法務省横浜保護観察所社会復帰調整官を経て、2011年より現職。

熊篠慶彦

特定非営利活動法人ノアール理事長

　1969年、神奈川県生まれ。出生時より脳性麻痺による四肢の痙性麻痺がある。2004年に設立した特定非営利活動法人ノアール（http://www.npo-noir.com/）を通して、身体障害者のセクシュアリティに関する支援、啓発、イベントなどを行っている。著書に『たった5センチのハードル』（ワニブックス、2001）がある。

山本　翔

訪問介護員

　東京都生まれ。ある利用者との出会いから身体障害者の性活動の援助を行うようになる。内容はご本人・ご家族や施設の方からの性に関するメール相談、アダルトDVDなどの購入代行、風俗店への外出補助、マスターベーション介助など多岐にわたる。

"エロ本"を頼める関係づくり

鶴見隆彦（司会） 私は現在、厚生労働省で引きこもりの方の支援に関する政策（ひきこもり地域支援センターなど）や、刑務所に収容されている高齢者と障害者の方で、家がなく身寄りがない方に家を調整するといった地域生活定着支援センターの事業を担当しています。もとは川崎市リハビリテーション医療センターで、主に若い精神障害者のデイケア、就労支援を行っていました。

「性」の支援に関し、最初に出会ったのは、そのデイケアの統合失調症の方でした。若い彼は「マスターベーションができない。精子が出ない。だから、ぼくは病気です」と言うのです。"マスターベーションがしたい"というのではなく、それが自分の症状だと思っていた。彼は友だちも含めた周囲の人と、いわゆるエロ話などをすることもなく、ほとんど性知識を持っていなかったのです。

そこで、「性教育ゼミナール」という名称で、男性は男性のスタッフと、女性は女性のスタッフと、3～5回（週1回開催の心理教育プログラム）、このことについて話し合いました。

熊篠さんが書かれているもの[※1]を拝見しても、支援者に知ってもらうことの大切さがわかります。私も統合失調症の方に「性教育ゼミナール」が必要だということを『作業療法ジャーナル』[※2]で取り上げました。当初、その編集会議では、学術誌で扱うテーマかという疑問が出たことを覚えています。

山本　翔 現役の介護士です。私は男性の介護士ということもあり、生活介助の中でも男性の入浴介助が主な仕事になります。マスターベーションも含め、ほとんど自分のことができない脳性麻痺の男性の利用者さんがいました。入浴介助で陰部清拭していると、敏感で、すぐに勃起されるので「いつも立っちゃうね」と話していました。その方は、そういう話ができる相手がおらず、そういうメディアに接する機会もなく、私に「エロDVDを貸してもらえないか」と言いました。

ホームヘルパーの学習では、セクシュアリティに関わる項目は一切ありません。私は、その方を通して関心を持ち、検索して熊篠さんの本[※1]にたどり着きました。そして、こういう問題があるという確信を持ちました。

一般の人々の間では「24時間テレビ」（日本テレビ）などによるさわやかな障害者像のイメージがあって、障害者と性の問題を結び付けることは難しいのです。性の問題を知らない人がほとんどです。

司会 そのきっかけは、仕事に就かれて、どれくらいの時期でしたか。

山本 2年目くらいです。それから（特定非営利活動法人）ノアール[※※]の活動に参加するようになって、3年経ちます。SNS（ソーシャル・ネットワーキング・サービス）を通して、個人的にアダルトDVDなどの購入を手伝ったり、風俗店へ一緒に行くという活動をしていくようになりました。これらはやはり、支援者本人が直接問題にぶつかって、はじめて考えられる問題だと思います。そういう意味では、当事者側からもっと発信してもらえると問題視されやすいと…。一方で、言えない現状もあります。その利用者さ

んも親には話せていないだろうと思います。

司会 親には言いづらいですね。やはり、友だちですか。

山本 "エロ友だちがいる"ということは大事だと思います。まじめに「自慰介助」という形で捉えるよりも、エロというものを前面に押し出していくほうが取りつきやすいと思います。

熊篠慶彦 ぼくは本[※1]を出す2年前に、ホームページを作りました。車いすでアクセス可能なラブホテル、障害者を受け入れてくれる風俗店の情報サイトです。インターネットが普及しはじめた1998〜1999年の頃でしたが、障害者を受け入れてくれる風俗店の情報はまったくなかったので、自分で作ろうと思いました。

それから10年、アダルトビデオ（「障害者の性（SEX）—性のバリアフリー」MOODYZ）に出たり、さまざまなエロなイベントを開催したり、『週刊宝石』での連載もしてきました。

司会 今まで支援する側は性の問題がないかのように、また支援される側もそういうことを言わないような関係性で成り立ってきました。そこを破るきっかけのようなものはありましたか。

熊篠 中学2年生の時に股関節の手術をし、神奈川県立ゆうかり園（現在は神奈川県立総合療育相談センターに統合）にいたのですが、そこでは売店がありませんでした。そこで、学校の先生に「エロ本、買ってきてほしい」と言いました。親元を離れた入院生活であり、さらに病院というセクションではなかったため、教室に学用品を置くロッカーがあったのです。

司会 思春期と親元を離れるタイミングが絶妙だったのですね。

熊篠 そうですね。その入院から3年半〜4年近く経って運転免許を取り、理学療法士の方に同行してもらい初体験をしました。担当ではない新卒1，2年目の若い理学療法士で、その人も風俗好きで波長が合ったのでしょうね。

山本 そこは大事な部分だと思います。支援する側がまじめすぎると、利用者さんは絶対言ってくれませんから。

支援者側、支援を受ける側に知ってもらいたいこと

司会 支援する側に知ってもらいたいこと、また支援を受ける側に知ってもらいたいことはありますか。

山本 支援する側には、性の問題の存在を知ってもらいたいです。教育に盛り込むのが一番だと思います。看護師の教育では、ようやく触れられるようになったと聞きましたが。

司会 OT（作業療法士）の教育でも、大学によっては盛り込んでいる先生もいます。

山本 媒体で紹介されても、介護士は現場に出てしまうとほとんどジャーナルを読みません。現場に出る前に知ってもらうことが必要です。

司会 支援を受ける側ではどうですか。

熊篠 ぼくは物心ついた時から障害があって、何かにつけて人の手を借りなければならな

い生活をしてきました。ですので、例えば何かを落とした時に「すみません、それ拾ってください」と言える相手を見つける自信が、そこそこあります。

司会 拾ってくれそうな人と、くれなさそうな人を見分けられるということですか。

熊篠 先ほどの養護学校では先生も20人くらいいます。その中で"エロ本を買ってきてほしい"ということを、受け入れてくれそうな先生を見極めるわけです。こちらがどう見抜けるか、見抜かれたほうも、それにどう対応するか用意ができている。これが制度やカリキュラムとなった時に、そうできるのか…。

　例えばヘルパーさんにそういうことを言った時、生活が円滑に進まなくなる可能性があります。ヘルパーさんはそういう教育を受けてきていないから、びっくりしてどぎまぎしてしまう。言ったほうも、ばつが悪く、気まずくなる。気まずくなるのなら、言わないで聖人君子の障害者像を装っていたほうがいい。

　介護する側、支援する側が変わらないと、介護される側、支援される側は身動きできないのです。

司会 支援する側の、知識と引き出す技術が求められますね。

熊篠 セラピストの教育で、セクシュアリティのカリキュラムがないまま現場へ出てきて、女性スタッフだったら障害者に"おっぱいを触られた""おしりを触られた"ということが問題になってしまいます。

司会 優秀な支援者であれば、上手に関係性をもっていけるかもしれません。そこが、先ほどの「エロ本を買ってきてほしい」の関係につながるのだと思います。先の例での"びっくりする出来事"が、どういうことを意味しているのか考える場がないと、それは"いやな体験"だけで終わってしまいます。そういうことがあった場合に、それを考えるスタッフミーティングがないといけないわけです。

"エロ"はモチベーションの一つ

熊篠 ICF（国際生活機能分類）について、最近よく話を聞きますが、セクシュアリティの項目を省いている人がけっこういます。理由をたずねると「学校で教わっていない」と言います。"学校で教わっていない"という事実は仕方ないにしても、ICFを勉強しているのだったら、直接的なセックスやマスターベーションの項目はなくても、機能面での性と生殖、活動面でのコミュニケーションなどの項目から、気づいてほしいという気持ちがあります。

　よく「相手の立場に立って考えましょう」と教わると思います。しかし「相手の立場に立って」というのと「もし自分がこうなったら」というのとでは、少しニュアンスが違うと思います。医療関係、福祉関係を勉強してきた人なら「もし自分がこうなったら」と想像できてほしい。例えば学生によく言うのは「今日、帰り道で転んで両腕がギプスになった。明日からどうする？」と。女性ならさらに化粧ができない、髪がとかせない、その上に明日から生理がはじまったら…と。性のことも、自分のこととして考えてみてほしいのです。

司会　それは、一番わかっていなければならないことですが、また一番難しいことでもあります。臨床で患者に接し、ROM（関節可動域）の制限などがあると評価でき、そのことで何に困るのか想像する。実は、そのつながりが一番難しい。それができれば真の支援につながると思います。「性」をテーマに話をしてきていますが、支援そのものの大切なところですね※3。

熊篠　支援される側からいえば、リハビリのモチベーションをどれだけ高められるかが重要です。そういう意味で、少なくとも、男性にとって"エロ"は大きなモチベーションではないかと。それは間接的でもよいのです。例えば外出訓練で「デパートに買い物に行きましょう」と、バスに乗る、お金を払うということをする。「デパートに買い物に行きましょう」と「風俗店に遊びに行きましょう」は隣接しています。電車、バスに乗れるなら、親に「映画を観てくる」と言って風俗店に行くことができます。モチベーションをどう起こさせるかです。

山本　そうですね、僕個人もエロにかなう娯楽はないなあと…。リハビリでも集中力が増しますね。

熊篠　老人ホームなどで、たまにピンク映画の上映会をすると、寝たきりの人が車いすで観に来るようになったと聞きます。

求められる支援—それは共に考える支援

司会　恋愛する、性行為をする、結婚する、出産する、子育てとつづいており、それらは人間として当たり前で、決して特別なことではないわけです。日本の性の文化は、欧米と比べると儒教思想の影響もあって隔たりも大きい。

熊篠　ぼくは日本では、障害者の性の問題は、タブーというところまですらいっていないと思います。つまり、共通の問題として認識されていないと思うのです。アメリカ、フランス、スペイン、オランダ、ドイツ、どこでも障害者の性はタブーです。しかし、どのような問題があるのか、当事者も支援者もセックスワーカーも含めてやりとりがあってのタブーです。日本ではそこまでいっていません。

司会　セラピストが病院の職員として就職すれば、その時期だけの患者をみるので機能訓練だけ行えばいいことになる。生活全体をみるICFのような考え方が実践しづらい側面はあります。

熊篠　日本では当事者でセクシュアリティの話をしている人はごくわずかです。障害者スポーツで速く走れる義足が作られる。そういう面での技術は進んでいるのに、性のことになると止まってしまいます。セックスにせよ、マスターベーションにせよ、それをしたいと思った時、そういった技術を持っている人たちは何も言ってくれません。電動車いすにしても、杖にしても、さまざまな自助具、福祉器具は相当進んでいるわけで、マスターベーションをしようとした時にどうしたらできるのか、同じように考えてほしいのです。

　　性の問題はきわめて個別性が高い。そして相談相手に「あなたに、直接どうにかして

ほしい」ということでもない。この状態で、このお箸で、どうすればご飯を食べることができるのか、一緒に考えてほしいというのと同じことなのです。

司会 専門職の視点で、一緒に考える姿勢が一番大事ですね。

熊篠 ぼくは障害歴が長いですが、頸髄損傷、脳卒中などの中途障害者は、何がどの程度なのかがわかりません。一番わかっているのは医療職のはずです。身体のことについての相談は、まず医師やセラピストなどの医療職になりますから、そのとき、どう応えてくれるか。

よくセクシュアリティのことに関わらない理由として「きわめてプライベートなことだから」といわれます。でも、ご飯を食べることも、排泄することも、入浴することも、きわめてプライベートなことではないでしょうか。

司会 支援する側が無意識に作ってしまっている枠を広げていく必要があります。それがプロです。まず、共通の問題として認識し、一緒に考えるところからですね。教育にも徐々に取り入れられていって、そういう土壌を作っていき、日本からこういう自助具があると発信できればいいですね。本日はありがとうございました。

※1 熊篠慶彦：たった5センチのハードル―誰も語らなかった身体障害者のセックス．ワニブックス，2001
※2 鶴見隆彦：性行為・性生活への支援とその意義．OTジャーナル　38：910-915，2004
※3 特集「共に生きる」ための作業療法―恋愛・結婚・出産・育児・性の支援．OTジャーナル　44（増刊号），2010

※※ 特定非営利活動法人ノアール：2004年7月、神奈川県知事により認証された特定非営利活動法人で身体障害者のセクシュアリティに関する支援、啓発、情報発信、イベント・勉強会などを行っている。具体的には重度障害者でも自己使用が可能な性具の開発、風俗店のバリアフリー化推進、障害者の性に関する情報提供など。

2. 第2章 ④ 鼎談《性支援の意味を考える》
女性身体障害者と「性」

　障害者の「性」については、IT（情報技術）の発展もあり、当事者からの情報発信も増えてきており、少しずつタブーの壁は低くなっている。その一方で、セラピストなどの専門職における理解や、具体的な取り組みは十分になされているとは言えない現状がある。
　ここでは、特に女性の当事者から、性にまつわる問題点と、専門職に望むことを語っていただき、リハビリテーション専門職が性支援に関わる意味を整理したい。

出席者

司会：竹内さをり

甲南女子大学看護リハビリテーション学部理学療法学科講師、作業療法士。
　1969年生まれ。国立療養所近畿中央病院附属リハビリテーション学院を卒業、1991年、急性期脳血管障害を対象とする病院に入職、1997年、兵庫県立但馬長寿の郷を経て、2007年より現職。

大畑楽歩

　1978年生まれ。アテトーゼ型脳性麻痺を持つ。理学療法士の夫と子どもの3人暮らし。著書に『三重苦楽―脳性まひで、母で妻』（アストラ, 2010）がある。整理収納アドバイザー。
(Official Web Site：http://www.ohatarabu.com/)

Misian

　4年前の交通事故で頸髄損傷となる。昨年から一人暮らしを開始。著書に『障害者だってキスさせて』（講談社出版サービスセンター, 2009）がある。現在、恋人募集中。
(✉ mizutronica@gmail.com)

私の障害

竹内さをり（司会） 私は21年目の作業療法士です。最初は、脳血管障害の患者さんが多い急性期病院で勤務し、6年後、兵庫県立但馬長寿の郷で行政による在宅訪問などの地域ケアに関わってきました。今の職場は5年前からです。

大畑楽歩 私はゼロ歳児から脳性麻痺です。両親が自分の娘が障害児であるということを受け入れられず、幼稚園も小学校も地域の普通学級に通わせました。小学2年生の時、アメリカのドーマン法（機能回復のための民間療法）が脳の障害に有効であると聞いた両親は、学校を中断させて、1日13時間というドーマン法に取り組む決意をします。その後6年間、中学2年生になるまで、学校には1日たりとも行かずに、朝から晩まで運動プログラム中心の過酷なリハビリ生活を続け、中学2年生の3学期にようやく学校に戻りました。

　高校受験を目指しましたが、6年間のブランクは大きく、何よりも私は依然、障害者のままなのだという現実を突きつけられます。その中で私は、親と自分の関係を見つめなおし、そこから障害者として、いかにすれば、普通の幸せを味わいながら生きていけるかを模索することにしたのです。高校受験を断念し、「親離れ、子離れ」をするチャレンジをしました。運転免許を取ったり、ニュージーランドに留学したりする中で、20歳の時に主人に出会いました。

司会 学会の分科会でご主人と出会われたのですね。

大畑 そうです。そこはセラピストなど専門職が集まる場で、当事者は私を含めて2人だけでした。"当事者の意見も"ということで、私にマイクがまわってきたのです。私はペラペラとしゃべりましたが、主人がそれを聞いていて「この人変わった障害者やな〜」と気になっていたらしいのです。そして、2年間付き合って結婚しました。息子を授かり、今10歳になっています。自分の経験が生かせればと思い、さまざまな角度から発信活動をしています。

司会 セラピストによるリハビリを受けられたご経験は。

大畑 幼稚園の時に、半年くらい通ったことがありますが、娘の障害を認めたくない親が拒絶してすぐに通うのをやめ、それ以来、縁がないままきてしまいました。

司会 Misianさんは受傷されて何年目でしたか。

Misian 4年目になります。

司会 今は車いす中心で生活されていますが、それまではアクティブに過ごされていたわけですね。

Misian 4年前に交通事故に遭って、急性期の病院に運ばれました。ICUが長かったようです。頭を強く打っていて、親戚中が集まる状況だったと聞きました。制度上、私はまだ自分が誰だかわからないという記憶障害を抱えたまま、回復期の病院に移りました。そこでリハビリを1日3時間、半年間受けました。

　回復期を過ぎると、1日3時間のリハビリが、月に4時間に減りました。そのため、動きはじめていた身体が止まってしまい、現状維持も難しくなりました。母が付きっきり

となり、私のせいで母の人生を狂わせたという思いがあり、福祉のことを調べました。制度上、家族と住んでいると、家族が面倒をみるのが当然という感じで、結果、重度身体障害者を寝たきりにさせてしまうのが日本の特徴なのかなと思いました。ヨーロッパでは「寝たきり」という言葉がないと聞きましたが…。

司会 一概にはなんともいえませんが、ヨーロッパの制度は、年齢を問わずに福祉サービスが整っていますね。それに見合う税金を国民が払っているという背景がありますが。

Misian 母と世帯を一つにしていなければ、私の住む市では最高1日16時間、ホームヘルパーを利用できることを知りました。人工呼吸器をつけているような重度の人のみのサービスと聞きましたが、"母の生活を元に戻したい"という思いがあったので、分刻みで自分の生活を記録し、週3回くらい市役所に通い、半年の交渉で、ようやく1日16時間のサービスを365日獲得しました。実際にヘルパーを利用しながら一人で生活できるようになったのは、昨年（2011年）の3月からです。

障害者が生きるのは、こんなにも大変なことなのかと思いました。入れ替わるヘルパーさんの確保も大変で、不安定な日々が続いています。

性を取り囲む環境

司会 生活支援の一つである「性」については、専門職の中だけでは解決できません。どういう支援が必要なのか、ここはおかしいのではないかなど、普段思っていることを教えていただければと思います。性的な問題に関して、相談できる場があったのかどうかについてはいかがでしょうか。

大畑 私は結婚願望が小さい時からありましたが、「私、お嫁さんになりたい」と言っただけで、まわりが凍りつくような状況にありました。特に母はどう対応すればよいのか、途方に暮れていたようでした。学校にも行かずに、母と私という最小単位の家族関係が長く続き、小説やテレビドラマの中での恋や愛しか知らず、自分の中で空想し、ファンタジーを作り上げていくのが関の山で、誰にも相談することもありませんでした。

生理がはじまった時に、母から一応、生理のしくみなどを聞きましたが、それはあくまでも、生理機能がどういうものであるかというだけのものでした。はじめのうちは、（生理用）ナプキンを自分では換えられなかったので、母に手伝ってもらっていました。

換えてくれる度に、母から「私ね、あなたがまだ小さい時、"卵巣をとってしまうと介助が楽になるわよ"って聞いたことがあったの。でも、それはいくらなんでも、かわいそうだと思って」と聞かされ、もぅいい加減にしてくれという、いたたまれない気持ちでした。言葉には言い表せないみじめな気持ちや妊娠への恐怖など、さまざまな感情が複雑に絡み合いました。意地でも自分で換えれるようになろう！と思い、なんとか交換できるようになりました。母は異性に関しても「男なんぞに、近寄ってはだめだ」と言い、怖い話を聞かされて成長しました。私の情報源は母しかいないのだから、もう少し踏み込んで、現実的に避妊はどうするのかとか、具体的に役立つ知識を伝えてくれればよかったのに…と思います。

司会　"男性に会うと怖いことになる"だと、消極的な人だったら結婚できなかったかもしれませんね。

大畑　「男を見たら逃げなさい」ですから、おかげで私はセックスするとすぐに子どもができてしまう、3人子どもがいる人は、3回セックスをしたのだと思っていました。

司会　セックスの数＝子どもの数でないとわかったのはいつですか。

大畑　結婚してからです。初夜に避妊具の存在を知るありさまでした。

司会　避妊などの性的な話を家族ですることは少ないですね。Misianさんはどうですか。

Misian　中学生の時に、たんすで（避妊具を）見つけました。年子の兄に「これ、なんだと思う」と聞いて、「これ、あれや」と言われて「はーん」という感じでした。あとは4、5歳、年上の従兄弟の部屋にあるエロ本やエロビデオなどからでしたね。

司会　学校教育において、日本は性教育にあまり熱心ではなく、それでも1992年は「性教育元年」といわれ、エイズの流行対策として取り組まれたようですが。現状でも十分ではない性教育の中で、その情報をいかに提供できるかというのが、支援する側の視点として必要ですね。

Misian　私は身体が麻痺してから"まだ子どもを産んでいない！"という思いがありました。実は以前、お付き合いのあった頸髄損傷の男性と、頸髄損傷同士で、どうやって子どもを作るのかという話になったことがあります…。彼は若い時に交通事故で頸髄損傷になっていたため、障害を受けて生活した期間の差が私とは8年ありました。彼と付き合うことになり、子どもの話が出た時、私は「将来どうしよう」という話でしたが、彼は「今すぐにでも子どもがほしい」という感じで温度差がありました。「早く卵子をくれ」という重い話になって…。

司会　その時のMisianさんは、受傷からまだ間がなく、これからどう生きようかという時で、子どもや結婚のことを考えてはいたけれど、まだ現実的ではなかったのですね。

Misian　恋愛で止まっていれば、たぶんよかったし、楽しかったと思います。彼も同じ苦しみを持っていて、2人でならなんでも話し合えたし、彼の存在は大きかったです…。

司会　セラピストが性のことに関して、関わりはじめている例もありますが、情報提供の時期はいつがよいのか。私も21年間作業療法士として働く中で、相談を受けたのは一度だけです。結婚されたばかりの30歳代前半の方で、ウイルス性疾患で片麻痺になられた方でした。「どうやってセックスしたらいいのだろう…」と聞かれて、作業療法士になりたての私は凍りつきました。養成校では性支援については学んでおらず、自分の知識や経験からアドバイスするしかないのです。そうすると、自分のプライベートを話す形になります。自分の経験では浅はかではないかという思いもあり、言いづらくなります。

　対象者の方に、自分の経験や知識だけで提案するのではなく、セラピストの養成教育の中で、専門的なアドバイスをできるように学習することは、意義があるのではないかと思っています。

性・障害への視点―みんな同じ人間

司会 専門職や他の誰かに相談した経験はありますか。

大畑 恋人だったらまだ聞けますが、それ以外の人ではどん引きされたらどうしよう、どう思われるのだろうと思って、聞きたくても聞けないです。

Misian 専門職の人に聞く雰囲気はまったくないです。聞こうと思っても、相手を困らせてしまうだろうと。性の支援者って難しいですね。誰にしてもらうのか。ボランティアならありえそうですが、医療と同じような形でプロとして行うのは。

司会 その人が直接的に行うのか、動作レベルの行為を支援してくれるのか。スウェーデンでは、ヘルパーさんが服を脱がせ、ベッドに横たわらせてくれるようです。

Misian オランダでは性サービスを受けるにあたって、国から助成があるようですが。

司会 性の直接的支援は、国としてはオランダだけでしょうね。日本で、そういうものがあったら利用したいですか。

Misian 利用してみたいです。

大畑 私は主人に先立たれたら考えたいです。ところで、さきほどの性の支援を受けることに関してですが、もう一つの視点として、たいへんおこがましいのですが、セラピストの方たちが、いくら知識を持っていても、せっぱ詰まったところがないということもあります…。患者さんと私という関係性の中で、同じ人間という感覚が薄れてしまう。仕事の視点でしか相手をみなくなってしまうのです。いかにしたら動きやすくなるのか、歩けるようになるのかという視点だけで、同じ人間だという視点が、たぶん持ってはおられるけれど、薄れていく…。

"みんな同じ人間だ"という意識が社会全体に広がれば、自然に「あなた、何に困っているの」とか、「私、こんなことに困っているけど、どうしたらいいの」と、聞きやすい環境が生まれるのではないでしょうか。

司会 退院するためには、まず食事とか更衣のための動作機能の回復が必要という意識が強いのでしょうね。

大畑 親も、友だちも、まわりで関わってくださる人たちも同様です。障害は確かにないに越したことはありませんが、障害があったらあったらで、その環境の中でどう幸せを築いていこうかということが大事です。それをまわりの人がヘルプしていく形が理想的だと思うのです。

司会 共に考えていく姿勢ということですね。

大畑 幸せになるかどうかはその人次第なので、オプションの障害は関係ありません。私の場合、脳性麻痺でしゃべり方が不自由なので、会った人はどうしてもそちらに目がいってしまう。そこを一般の方は別としても、専門職の方が障害のない私の部分も伝えてくださると、親にもいい影響を与え、社会にもいい影響を与えることができると思います。人として見てくれる社会ができれば、このような問題を語らなくてもいいように思います。

障害者の可能性を広げる専門職へ

司会 Misian さんは"見せパン"のことについて話されていましたが。

Misian けがをする前まで、はいていたジーンズがローライズ（股上の浅いズボン）で腰までしかなく、紙おむつが見えてしまうのでやむを得ず、股上がしっかりあるものに買いなおしました。有名ブランドのメーカーに、下着と同様に、見せてもいい紙おむつが作れないものかと電話をしましたが、返答をもらえていません。

司会 性交渉するにしても自分でパンツが脱ぎたい。そのために自分でパンツを脱ぐことができる補助具がほしいと聞いたことがあります。ズボンとか靴下とか、おもてに見えるものへの補助具はありますが…。

大畑 靴下に補助具がいるのに、なぜパンツにはいらないと思うのでしょう。

司会 表面的な生活面は考えられるけれど、奥の部分の生活面については十分に考えられていないということになるかもしれません。

Misian 私が関わるセラピストは、ほとんどが男性ですが、この2、3年に結婚し、子どもが生まれる人もいます。彼らは自分の結婚や子どものことに関して話す時に、私に気を遣っているのか、自分のことではないような話し方をします。

大畑 私も、そういう感じわかります。

Misian 申しわけなさそうな感じで語られる言葉の中に、私がけがをしなければ気づかなかった部分を察知してしまう。よいことなのだから、堂々と大きな声で言ってくれればいいのになと。

司会 よけいな気遣いなのですね。

大畑 人の気持ちを読みとる力が良くも悪くも、障害によって研ぎすまされていますから。セラピストにしても、ヘルパーさんにしても、社長を立てながら仕事をする秘書のような感覚で接してもらえたらと。障害者は人としての尊厳が薄くなっている人が多いのです。そして、ますます尊厳が失われていく。そういう人にこそ秘書のような役割の人が、情緒豊かに接してくれたり、社会経験をさせてくれたりすることが大切なのではないかと思います。性も含めて、障害者の可能性を広げてくれると思います。

司会 本日は性も含めて障害者への尊厳という視点のお話をいただいたように思います。ありがとうございました。

あとがき

　障害者の性というナイーブなテーマを掲げて2年が経過しました。執筆を誰に頼むかでおおいに時間を費やし、頼んだ際に難しくて書けないとか、実際やっていないなどで断られることが多く難渋しました。本当にこのテーマで本が作れるだろうか？　いや、作っていいのだろうか？　と疑心暗鬼と紆余曲折の連続でした。

　しかし、今回執筆していただいた諸先生方や当事者の方々の、「自分の経験が生かせるならば」という思いの詰まった多くの文章をいただくことができました。後編にあたる第2章では、かなり無理を言って匿名でお願いすることも多くありました。それでも、すべて実際のことであり、初期の目標は達成できたと思っています。しかし、あるケースでは、当事者本人は快く引き受けていただいたのですが、家族の猛反対にあい、執筆するなら家族の縁を切ると言われて断念する場合もありました。まだまだ、性の話は正面切ってできない日本の現状を痛切に感じてしまいました。

　過去に性活動のモチベーションで、部分的ではありますが機能回復を果たし、日常生活活動が飛躍的に改善したケースを担当したことがあります。活動を媒介として治療する作業療法士として、いつかは上手に活用できるようになりたいと思っています。

　最後に、長いディスカッションに付き合い、何度も改変せざる得ない状況に陥り、紆余曲折した編者を、励まし支えていただいた三輪書店小林美智氏に感謝の意を表します。

玉垣　努

　長かったです。本当に本当に、長かった。2年という長いトンネルから抜け出せて、今はただ単純にホッとしています。

　ただし、このトンネルは出版の準備に費やした年月であって、障害当事者の多くは今もなお、薄暗いトンネルの中で声も出せずに彷徨っています。何年も何年も、出口の方向もわからず、何年も何年も、周囲を照らす明かりもない中で、何年も何年も、文字通り身動きがとれないまま、何年も何年も、ひっそりと佇んでいるしかないのです。そう考えたら、2年なんてあっという間です。

　これから先、障害当事者の性的な困難を取り巻くトンネルは、まだ何年も続きますか？　まだ出口の光は見えませんか？

　個人的なことで言うと、性風俗とラブホテルの障害者向け情報サイトを開設してから干支が1周しました。また加齢や二次障害に伴う、屈曲・拘縮の度合いが年々キツくなっています。行動力が低下していることの自覚もあるので、しばしば引退の2文字が頭をよぎります。でもね、決めました。当事者に実力で追い落とされるまで、引退はしません。辛いことはもちろんあるけど、こんなに楽しいこともありません。

　今回、この本に関わっていただいたすべての皆さんに感謝します。

熊篠慶彦

編著略歴

玉垣　努（たまがき　つとむ）

神奈川県立保健福祉大学保健福祉学部リハビリテーション学科作業療法学専攻教授。

　1960年、熊本生まれ。1983年、国立善通寺病院附属リハビリテーション学院卒業後、同年4月、神奈川リハビリテーション病院作業療法科に入職、2007年、神奈川県リハビリテーション支援センター、2008年、放送大学大学院修士学位授与、2009年、目白大学保健医療学部作業療法学科准教授、同年首都大学東京大学院入学。2011年より現職。精力的な執筆活動・講演活動とともに、脊髄損傷者を中心とした障害者の排泄問題の研究や自立支援機器の開発にも力を注ぐ。

熊篠慶彦（くましのよしひこ）

特定非営利活動法人ノアール理事長。

　1969年、神奈川県生まれ。出生時より脳性麻痺による四肢の痙性麻痺がある。医療、介護、風俗産業など、さまざまな現場で障害者の性的幸福追求権が無視されている現実に突き当たり、ノアールの活動を通して身体障害者のセクシュアリティに関する支援、啓発、情報発信、イベント・勉強会などを行っている（http://www.npo-noir.com/）。著書に「たった5センチのハードル　誰も語らなかった身体障害者のセックス」（ワニブックス、2001年）がある。

身体障害者の性活動

発　行	2012年7月30日　第1版第1刷©
編著者	玉垣　努／熊篠慶彦
発行者	青山　智
発行所	株式会社 三輪書店
	〒113-0033　東京都文京区本郷6-17-9　本郷綱ビル
	TEL 03-3816-7796　FAX 03-3816-7756
	http://www.miwapubl.com
装　丁	石原雅彦
印刷所	三報社印刷 株式会社

本書の内容の無断複写・複製・転載は，著作権・出版権の侵害となることがありますのでご注意ください。
ISBN978-4-89590-417-9 C3047

JCOPY〈(社) 出版者著作権管理機構　委託出版物〉
本書の無断複写は著作権法上での例外を除き禁じられています。複写される場合は，そのつど事前に，(社) 出版者著作権管理機構（電話 03-3513-6969，FAX 03-3513-6979，e-mail：info@jcopy.or.jp）の許諾を得てください。